# 창의·코딩놀이 Lesson 2

| | |
|---|---|
| 발 행 일 | 2025년 07월 11일(초판 1쇄) |
| I S B N | 978-89-5960-507-1(13000) |
| 정 가 | 14,000원 |
| 집 필 | 렉스기획팀　　진 행 | 이영수 |
| 본문디자인 | 디자인꿈틀 |
| 발 행 처 | ㈜렉스미디어　　발 행 인 | 안광준 |
| 주 소 | 경기도 파주시 정문로 588번길 24 |
| 대표전화 | (02)849-4423　　팩 스 | (02)849-4421 |
| 홈페이지 | www.rexmedia.net |

※ 이 책은 저작권법에 따라 보호를 받는 저작물이므로 무단 전재와 무단 복제를 금지하며, 이 책 내용의 전부 또는 일부를 이용하려면 반드시 ㈜렉스미디어의 서면동의를 받아야 합니다.

# 창의코딩놀이 LESSON2 교재의 구성입니다.

창의 놀이

코딩 놀이

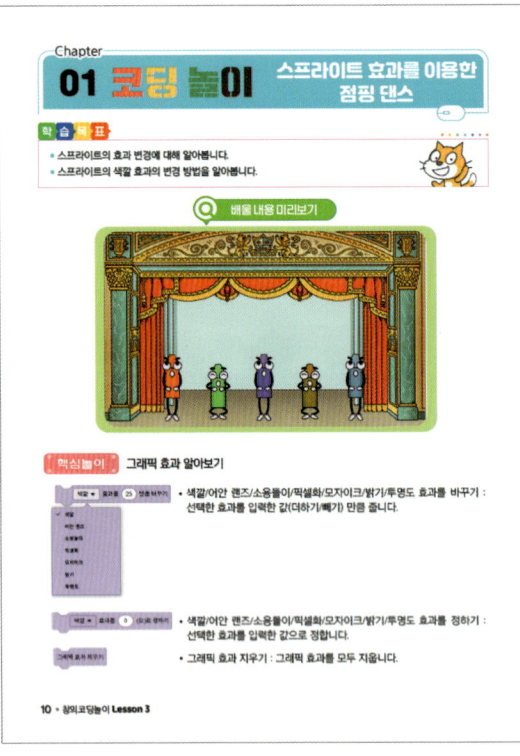
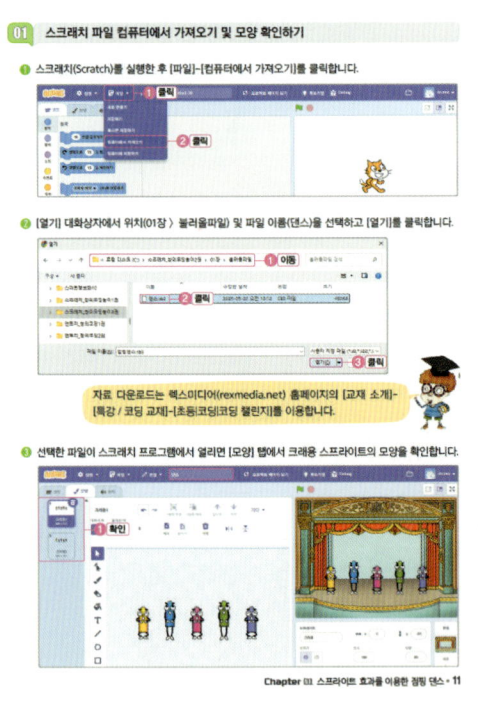

Orientation 01

놀이 학습이 끝나면 미션 문제로 마무리... 종합 활동은 혼자서도 충분해요~^^

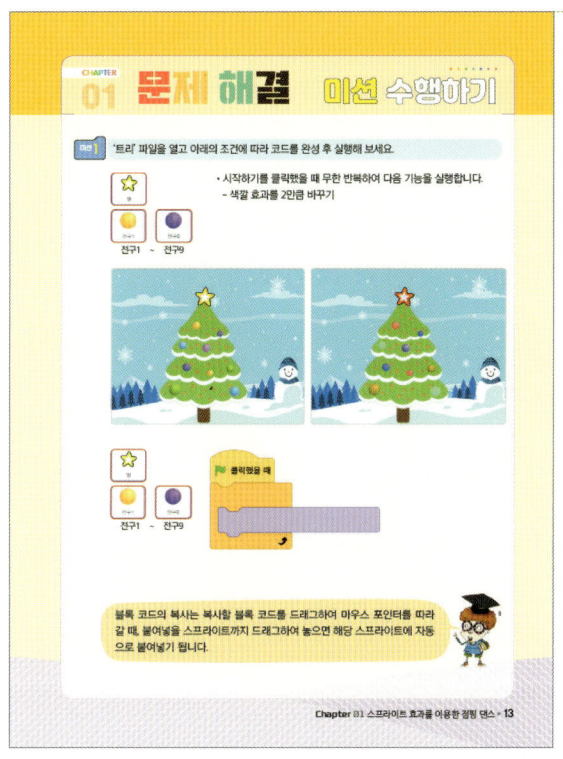

미션 문제

종합 활동

# 목차 Contents

| | | | |
|---|---|---|---|
| **Chapter 01** | 008 | 창의 놀이 | 틀린 그림 찾기 |
| | 010 | 코딩 놀이 | 스프라이트 효과를 이용한 점핑 댄스 |
| **Chapter 02** | 014 | 창의 놀이 | 피규어 만들기1 |
| | 016 | 코딩 놀이 | 유럽일주 여행하기 |
| **Chapter 03** | 020 | 창의 놀이 | 창의력 문제풀이 |
| | 022 | 코딩 놀이 | 난수를 이용한 주사위 놀이 만들기 |
| **Chapter 04** | 026 | 창의 놀이 | 어느 나라 국민일까요? |
| | 028 | 코딩 놀이 | 자유롭게 움직이는 드론과 꽃게 만들기 |
| **Chapter 05** | 032 | 창의 놀이 | 종이 자른 모양 맞추기 |
| | 034 | 코딩 놀이 | 크리스마스 캐롤 음악 재생하기 |
| **Chapter 06** | 038 | 창의 놀이 | 주판 사용하기 |
| | 040 | 코딩 놀이 | 그림판 만들어 그림 그리기 |
| **Chapter 07** | 044 | 창의 놀이 | 재미있는 스도쿠 문제 |
| | 046 | 코딩 놀이 | 로봇 청소기 만들기 |
| **Chapter 08** | 050 | 창의 놀이 | 입체 퍼즐 맞추기 |
| | 052 | 코딩 놀이 | 쥐를 잡자~ 쥐를 잡자~ 찍찍찍~! |
| **Chapter 09** | 056 | 창의 놀이 | 피규어 만들기2 |
| | 058 | 코딩 놀이 | 타이머를 이용한 미로 통과 시간 측정하기 |
| **Chapter 10** | 062 | 창의 놀이 | 종이접기 놀이 |
| | 064 | 코딩 놀이 | 크기와 색을 바꾸는 자동차 만들기 |
| **Chapter 11** | 068 | 창의 놀이 | 틀린 그림 찾기 |
| | 070 | 코딩 놀이 | 정글 탐험! 점프하는 원숭이 만들기 |
| **Chapter 12** | 074 | 창의 놀이 | 연관된 올림픽 종목 찾기 |
| | 076 | 코딩 놀이 | 집게를 이용한 인형 뽑기 놀이하기 |

| Chapter 13 | 080 창의 놀이 | 도형 규칙 찾기 |
| | 082 코딩 놀이 | 괴물을 피하는 로봇 놀이하기 |

| Chapter 14 | 086 창의 놀이 | 길 찾기 놀이하기 |
| | 088 코딩 놀이 | 바닷속 물고기의 움직임 만들기 |

| Chapter 15 | 092 창의 놀이 | 재미있는 스도쿠 문제 |
| | 094 코딩 놀이 | 좌표를 이용한 배경 움직임 만들기 |

| Chapter 16 | 098 창의 놀이 | 퍼즐 조각 맞추기 |
| | 100 코딩 놀이 | 신호를 이용한 돌림판 돌리기 게임 만들기 |

| Chapter 17 | 104 창의 놀이 | 숫자 패턴 찾기 |
| | 106 코딩 놀이 | 거리 센서를 이용한 자동문 만들기 |

| Chapter 18 | 110 창의 놀이 | 사물의 형태 이해하기 |
| | 112 코딩 놀이 | 배경 및 크기 비교를 이용한 사과나무 키우기 |

| Chapter 19 | 116 창의 놀이 | 도형 찾기 |
| | 118 코딩 놀이 | 묻고 기다리기를 통해 친구와 인사하기 |

| Chapter 20 | 122 창의 놀이 | 수학 문제 풀기 |
| | 124 코딩 놀이 | 통통튀는 바운스 볼 놀이하기 |

| Chapter 21 | 128 종합 활동 | 틀린 그림찾기 놀이, 스도쿠 숫자놀이, 문제 코딩 |

| Chapter 22 | 132 종합 활동 | 틀린 그림찾기 놀이, 스도쿠 숫자놀이, 문제 코딩 |

| Chapter 23 | 136 종합 활동 | 틀린 그림찾기 놀이, 낱말 퍼즐 놀이, 문제 코딩 |

| Chapter 24 | 140 종합 활동 | 틀린 그림찾기 놀이, 낱말 퍼즐 놀이, 문제 코딩 |

## 스크래치 프로그램의 오프라인 다운로드 과정입니다.

**1** 온라인 스크래치(scratch.mit.edu) 사이트로 이동 후 화면 아래쪽 [다운로드]를 클릭합니다.

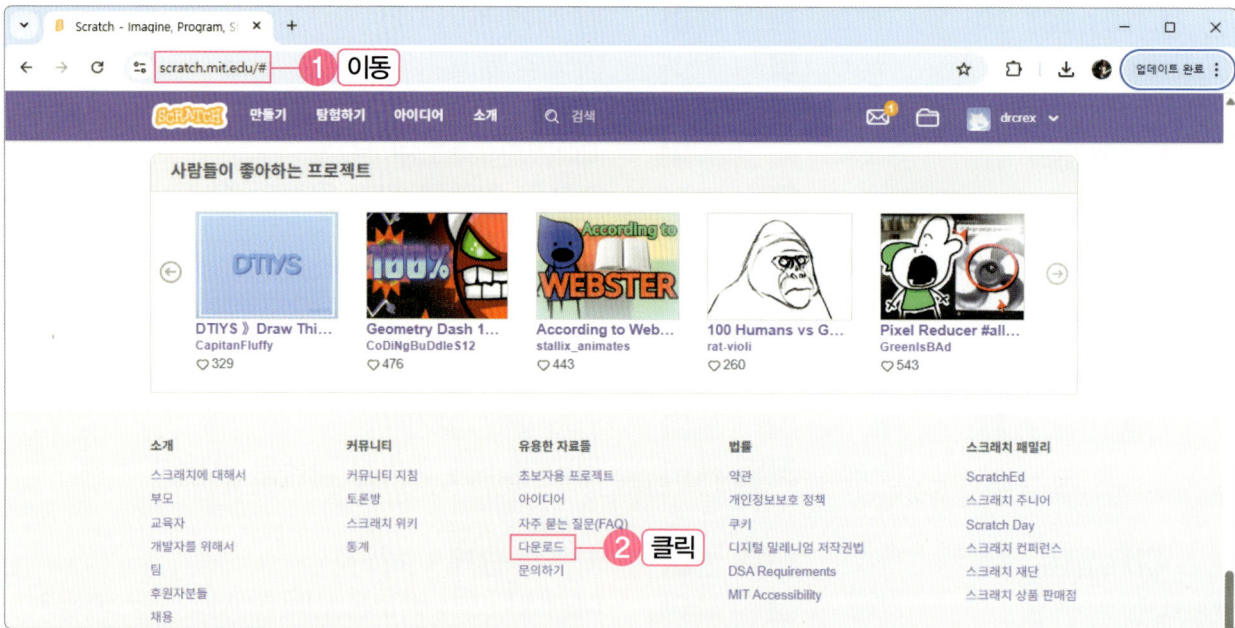

**2** 다운로드 화면에서 운영체제(Windows)를 선택한 후 [바로 다운로드]를 클릭하여 설치 파일을 다운로드 받습니다.

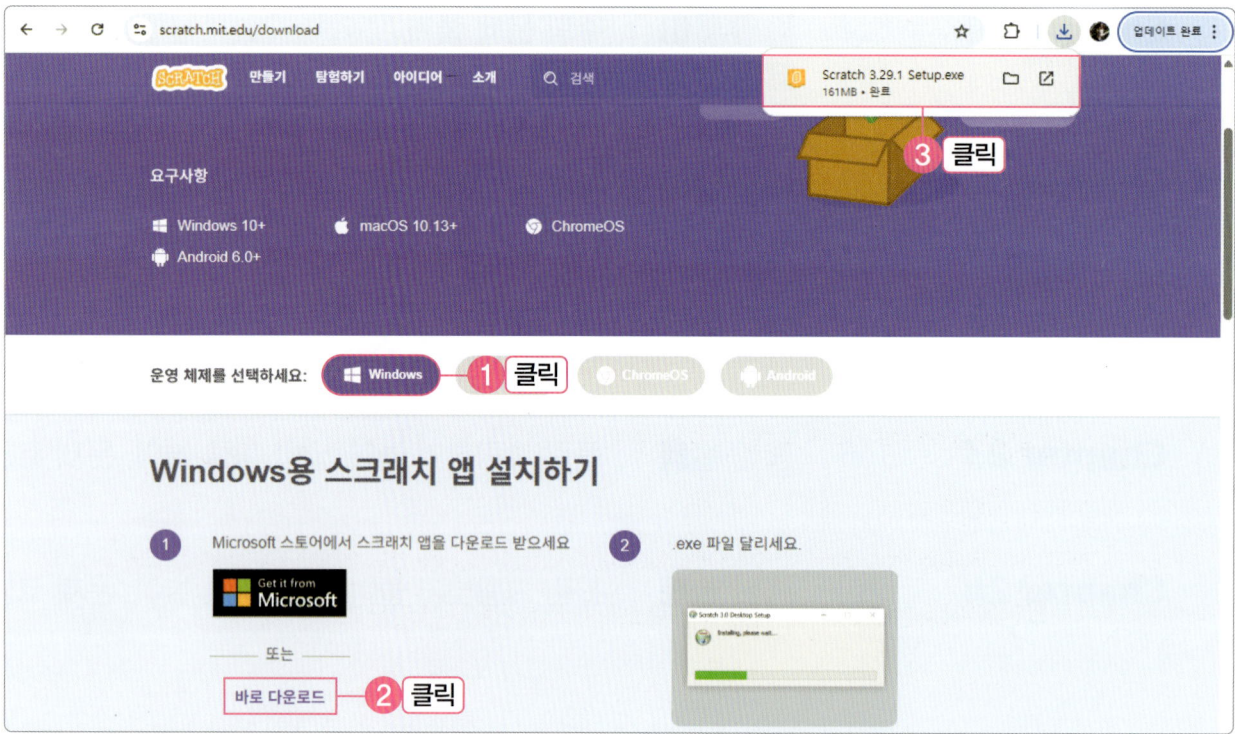

## 스크래치 프로그램의 오프라인 설치 과정입니다.

**1** 스크래치 설치 대화상자의 설치 옵션 선택 화면이 표시되면 [설치]를 클릭합니다.

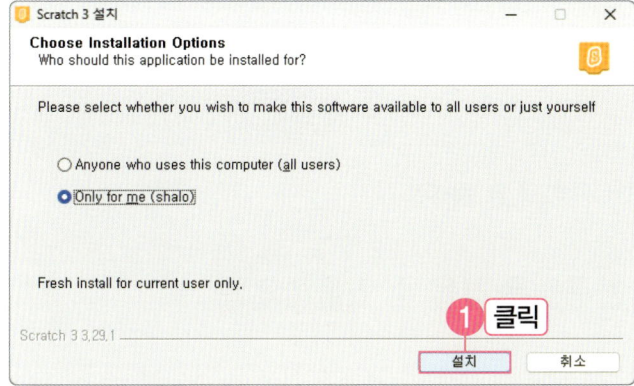

**2** 설치 과정이 완료되고 Scratch 3 설치 완료 화면이 표시되면 [마침]을 클릭합니다.

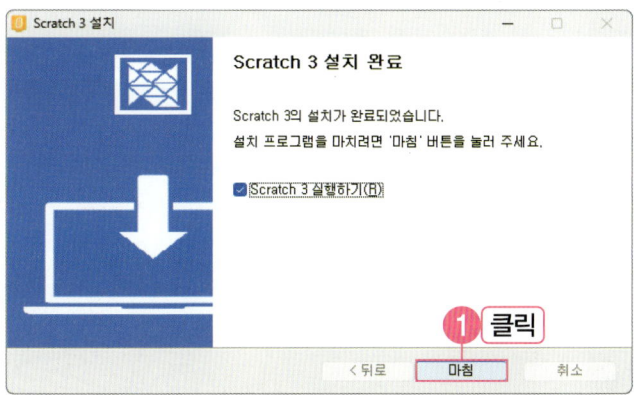

**3** 스크래치 프로그램이 실행됩니다.

### 여기서 잠깐!

내 컴퓨터에 설치된 스크래치 프로그램 실행하기
- [시작] 단추를 클릭 후 앱 목록에서 [Scratch 3]을 클릭합니다.

온라인 스크래치 실행하기
- 인터넷 크롬(Chrome)에 접속 후 온라인 스크래치 주소(scratch.mit.edu)를 입력하여 이동합니다.
- 본 교재는 온라인을 이용한 스크래치 실행을 기준으로 따라하기를 작성했으며, 3버전입니다.

# CHAPTER 01 창의 놀이

> **학습 목표**
> 
> • 사물의 변화를 관찰하고 유사점과 차이점을 파악해 봅니다.

**관찰 및 비교 분석**

### 틀린 그림 찾기

두 개의 그림 사이에 서로 다른 차이점을 찾아보려고 해요.

**01** 틀린 부분이 5개 있다고 하는데 우리 친구들은 찾을 수 있을까요?
틀린 부분에 동그라미를 그려보세요.

8 • 창의코딩놀이 **Lesson 2**_스크래치

**02** 곰돌이 친구가 비행기를 타고 하늘을 날아가네요.
그런데 두 개의 그림에는 서로 다른 부분이 5개가 있어요.
어느 부분이 다를까요? 틀린 부분에 동그라미를 그려보세요.

**03** 곰돌이 친구가 이번에는 바다에서 배를 타고 있어요.
이번에는 서로 다른 부분이 10개나 된다고 해요. 함께 찾아볼까요? ^^

# Chapter 01 코딩 놀이 — 스프라이트 효과를 이용한 점핑 댄스

### 학 습 목 표

- 스프라이트의 효과 변경에 대해 알아봅니다.
- 스프라이트의 색깔 효과의 변경 방법을 알아봅니다.

### 배울 내용 미리보기

### 핵심놀이 — 그래픽 효과 알아보기

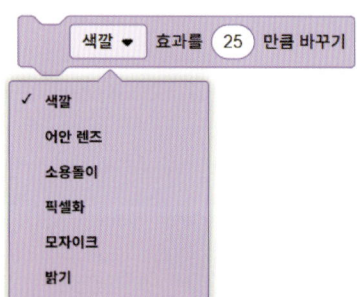

- 색깔/어안 랜즈/소용돌이/픽셀화/모자이크/밝기/투명도 효과를 바꾸기 : 선택한 효과를 입력한 값(더하기/빼기) 만큼 줍니다.

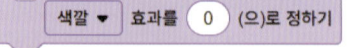

- 색깔/어안 랜즈/소용돌이/픽셀화/모자이크/밝기/투명도 효과를 정하기 : 선택한 효과를 입력한 값으로 정합니다.
- 그래픽 효과 지우기 : 그래픽 효과를 모두 지웁니다.

## 01 스크래치 파일 컴퓨터에서 가져오기 및 모양 확인하기

① 스크래치(Scratch)를 실행한 후 [파일]-[컴퓨터에서 가져오기]를 클릭합니다.

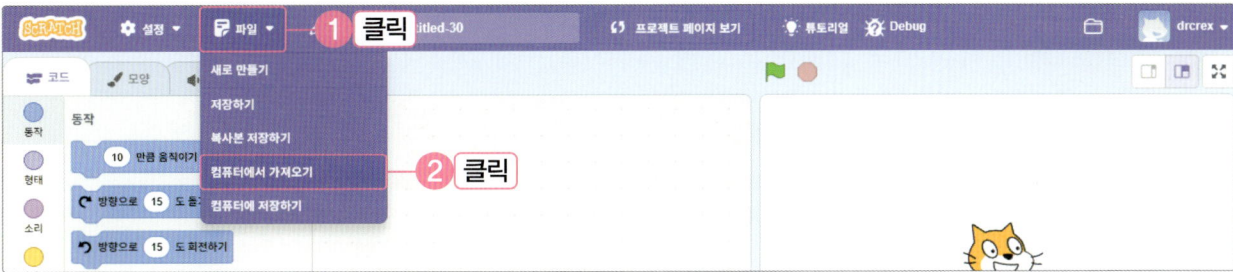

② [열기] 대화상자에서 위치(01장 > 불러올파일) 및 파일 이름(댄스)을 선택하고 [열기]를 클릭합니다.

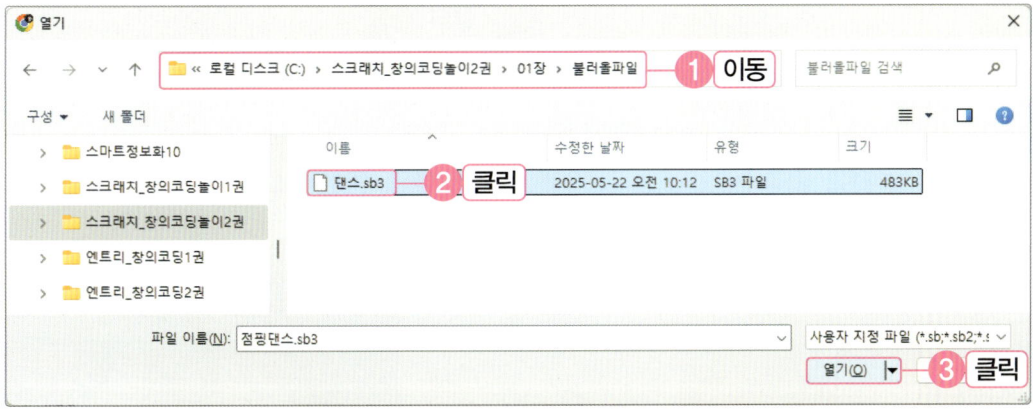

자료 다운로드는 렉스미디어(rexmedia.net) 홈페이지의 [교재 소개]-[특강 / 코딩 교재]-[초등ㅣ코딩코딩 챌린지]를 이용합니다.

③ 선택한 파일이 스크래치 프로그램에서 열리면 [모양] 탭에서 크레용 스프라이트의 모양을 확인합니다.

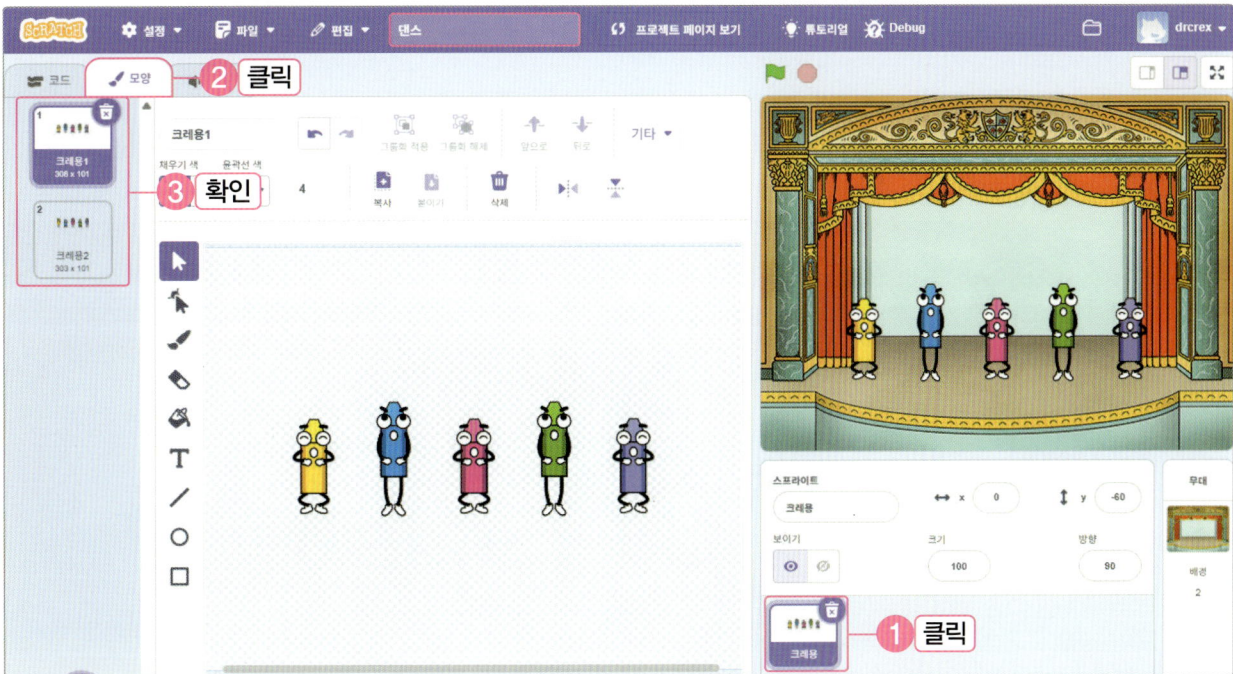

## 02 크래용 스프라이트의 움직임과 색깔 효과 적용하기

❶ 크래용 스프라이트의 [코드] 탭에서 [이벤트] 팔레트의 `클릭했을 때` 블록을 드래그하여 스크립트 창으로 이동합니다. [제어] 팔레트의 `무한 반복하기` 블록과 `1 초 기다리기` 블록을 드래그하여 `클릭했을 때` 블록과 서로 연결하고 입력값(0.5)을 수정합니다.

❷ [형태] 팔레트의 `다음 모양으로 바꾸기` 블록과 `색깔 효과를 25 만큼 바꾸기` 블록을 드래그하여 `무한 반복하기` 블록 안에 끼워넣어 모양을 바꾸면서 색깔 효과를 적용하도록 만듭니다.

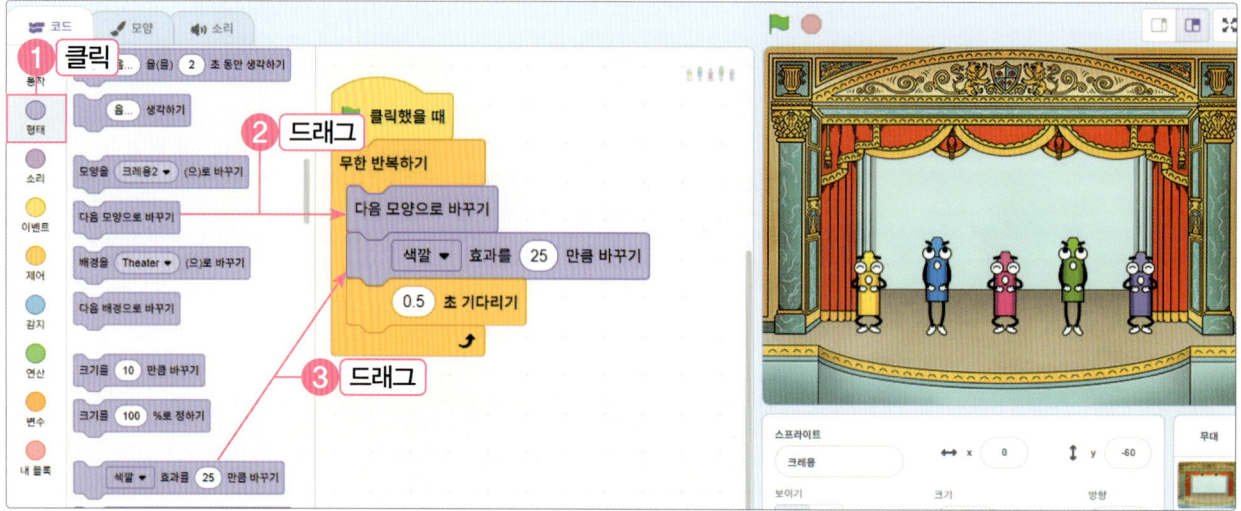

❸ [시작하기(▶)]를 클릭하여 크래용 스프라이트가 모양을 바꾸면서 색깔 효과가 적용되는지 확인합니다.

# CHAPTER 01 문제 해결 미션 수행하기

**미션 1** '트리' 파일을 열고 아래의 조건에 따라 코드를 완성 후 실행해 보세요.

- 시작하기를 클릭했을 때 무한 반복하여 다음 기능을 실행합니다.
  - 색깔 효과를 2만큼 바꾸기

전구1 ~ 전구9

전구1 ~ 전구9

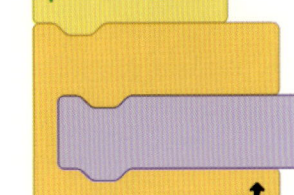

> 블록 코드의 복사는 복사할 블록 코드를 드래그하여 마우스 포인터를 따라갈 때, 붙여넣을 스프라이트까지 드래그하여 놓으면 해당 스프라이트에 자동으로 붙여넣기 됩니다.

Chapter 01 스프라이트 효과를 이용한 점핑 댄스 • 13

# CHAPTER 02 창의 놀이

> **학습 목표**
> 
> • 복잡한 부분을 단순화하여 문제의 해결 능력을 높여줍니다.
> 
> **추상화 및 문제 해결 능력**

### 피규어 만들기 1

오늘은 재미있는 피규어 만들기 놀이를 해볼께요.

**01** 왼쪽에 보이는 피규어 조립 키트를 이용하여 피규어 모양을 만들때 **만들 수 있는** 피규어는 무엇일까요?

**02** 왼쪽에 보이는 피규어 조립 키트를 이용하여 피규어 모양을 만들때 **만들 수 없는** 피규어는 무엇일까요?

**03** 아래에 보이는 조립 키트를 이용하여 **만들 수 있는** 피규어는 무엇일까요?

# Chapter 02 코딩 놀이 — 유럽일주 여행하기

### 학습목표
- 마우스 포인터 또는 특정 스프라이트를 바라보는 블록의 사용법을 알아봅니다.
- 특정 시간 동안 스프라이트의 이동에 사용하는 블록에 대해 알아봅니다.

## 배울 내용 미리보기

### 핵심놀이 — 바라보기 및 특정 시간 동안 이동하기 블록 알아보기

`마우스 포인터▼ 쪽 보기` : 방향을 회전하여 선택한 스프라이트 또는 마우스 포인터 쪽을 바라봅니다.

- ✓ 마우스 포인터
- 스프라이트2

`무작위 위치▼ (으)로 이동하기` : 선택한 스프라이트 또는 마우스 포인터 위치로 이동합니다. (중심점이 기준)

- ✓ 무작위 위치
- 마우스 포인터
- 스프라이트2

`1 초 동안 랜덤 위치▼ (으)로 이동하기` : 입력한 시간 동안 랜덤 위치 또는 선택한 스프라이트나 마우스 포인터의 위치로 이동합니다.

- ✓ 랜덤 위치
- 마우스 포인터
- 스프라이트2

## 01 스프라이트(영국)를 바라보며 일정 시간 동안 이동하기

❶ [유럽여행] 파일을 오프라인에서 불러온 후 [비행기] 스프라이트의 [코드] 탭에서 [이벤트] 및 [제어], [동작] 팔레트를 이용하여 다음과 같이 블록을 연결합니다.

❷ 스크립트 창의 `마우스 포인터 ▼ 쪽 보기` 블록에서 `마우스 포인터 ▼`를 클릭한 후 [영국]을 선택합니다. 같은 방법으로 `1 초 동안 랜덤 위치 ▼ (으)로 이동하기` 블록에서 `랜덤 위치 ▼`를 클릭 후 [영국]으로 선택하고 시간(3)을 수정합니다.

※ [움직임] 팔레트의 2개 블록 설명 : 영국 쪽을 바라보며 3초 동안 영국 위치로 이동합니다.

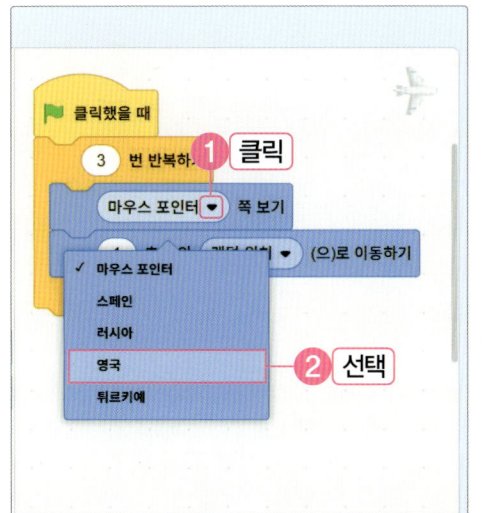 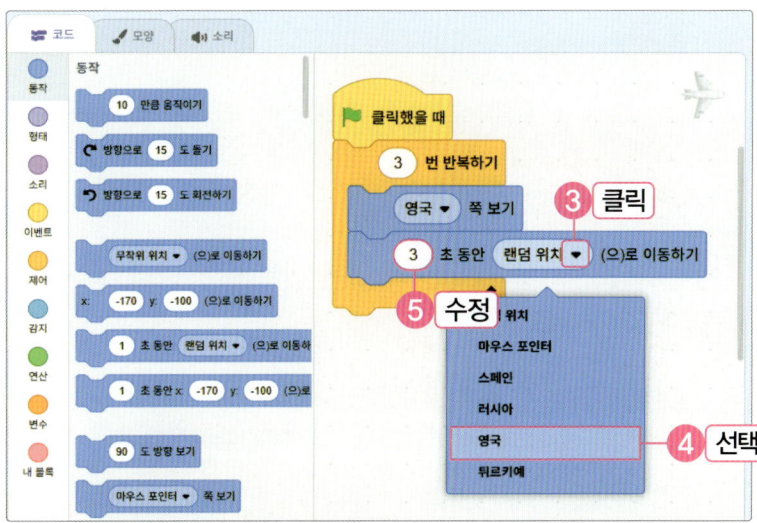

Chapter 02 유럽일주 여행하기 • 17

## 02 블록 복사 및 수정하기

① 스크립트 창의 `영국▼ 쪽 보기` 블록에서 마우스 오른쪽을 클릭하여 [복사하기]를 선택합니다. 코드가 복사되면 `3 번 반복하기` 블록 안에 끼워 넣고 두 개의 블록 모두 [러시아]로 내용을 수정합니다.

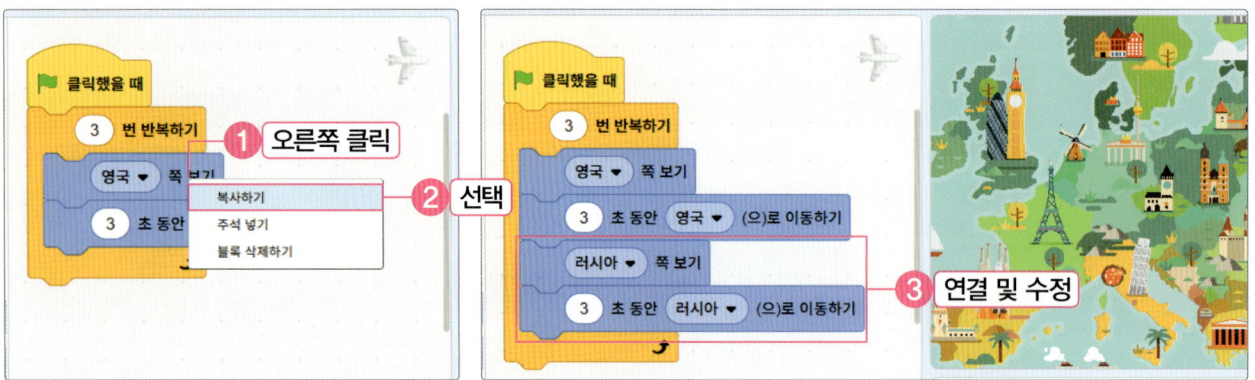

② 같은 방법으로 다음과 같이 블록을 복사한 후 내용을 수정합니다.

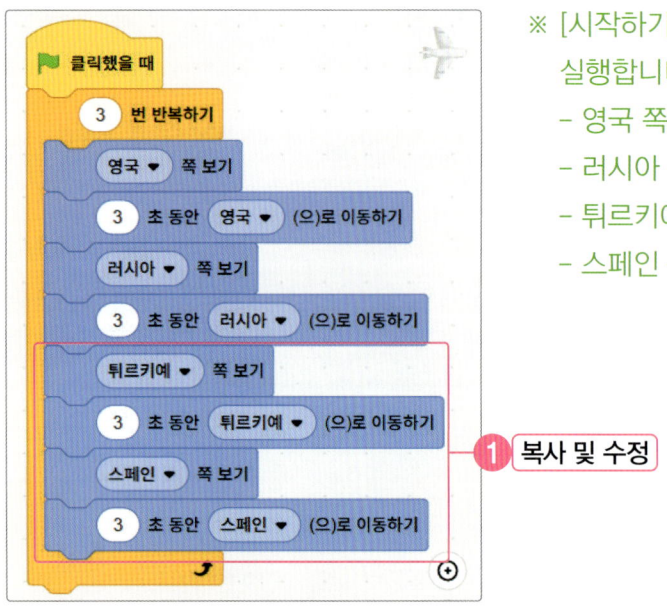

※ [시작하기] 버튼을 클릭했을 때 3번 반복하여 다음과 같이 실행합니다.
- 영국 쪽을 보며 3초 동안 영국 위치로 이동하기
- 러시아 쪽을 보며 3초 동안 러시아 위치로 이동하기
- 튀르키예 쪽을 보며 3초 동안 튀르키예 위치로 이동하기
- 스페인 쪽을 보며 3초 동안 스페인 위치로 이동하기

③ [시작하기]를 클릭한 후 3번 반복하여 영국, 러시아, 튀르키예, 스페인 등을 바라보며 이동하는지 확인합니다.

# CHAPTER 02 문제 해결 미션 수행하기

**미션 1** '도로운전' 파일을 열고 다음 조건에 따라 무대를 완성한 후 실행해 보세요.

자동차

- 시작하기 버튼을 클릭했을 때 3번 반복하여 다음 기능을 실행합니다.
    - 2번 쪽을 보고 2초 동안 2번 위치로 이동하기
    - 3번 쪽을 보고 2초 동안 3번 위치로 이동하기
    - 4번 쪽을 보고 2초 동안 4번 위치로 이동하기
    - 1번 쪽을 보고 2초 동안 1번 위치로 이동하기

자동차

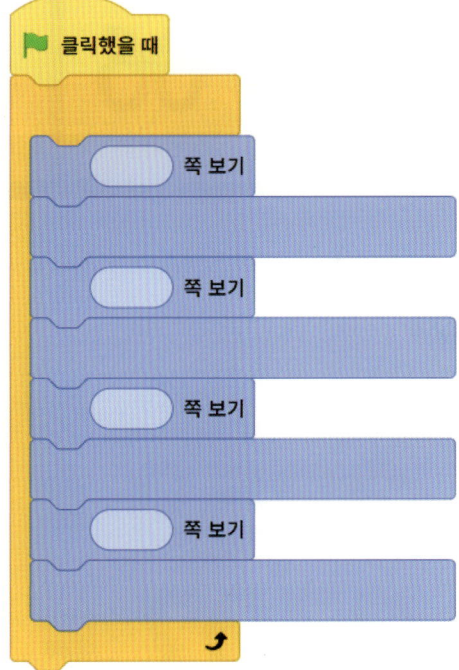

Chapter 02 유럽일주 여행하기 • 19

# CHAPTER 03 창의 놀이

**학습 목표**

- 창의력과 사고력을 높여주는 문제를 풀어보며 해결 방법을 알아봅니다.

**창의적 사고 능력**

**창의력 문제풀이**

**01** 주차장에 아빠가 차를 주차해 놓았습니다. 아빠차가 주차된 곳의 숫자는 무엇일까요?

16  06  68  88  　  98

**02** 네모 상자에 들어갈 숫자는 무엇일까요?

3859 = 3    1543 = 0
2707 = 1    8988 = 7
0000 = 4    4629 = 2
5664 = 2    6020 = ☐

힌트 : 동그라미~ 동그라미~ 동그라미~^^

**03** 어느 차가 먼저 양보해야 교통정체가 빨리 풀릴까요?

**04** 색칠한 부분이 나타내는 분수가 다른 것은 어느 것일까요?

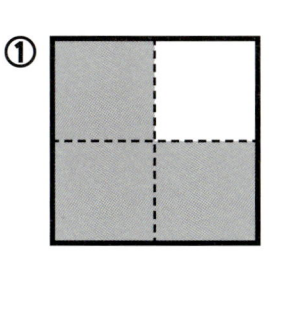
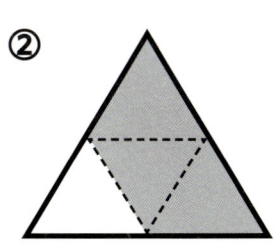
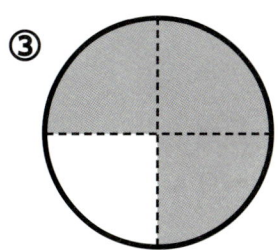
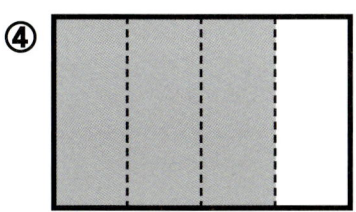
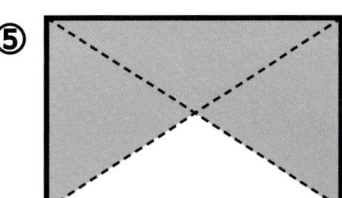

# Chapter 03 코딩 놀이

## 난수를 이용한 주사위 놀이 만들기

**학습목표**
- 난수에 대해 알아봅니다.
- 난수를 이용한 주사위 놀이 방법에 대해 알아봅니다.

### 배울 내용 미리보기

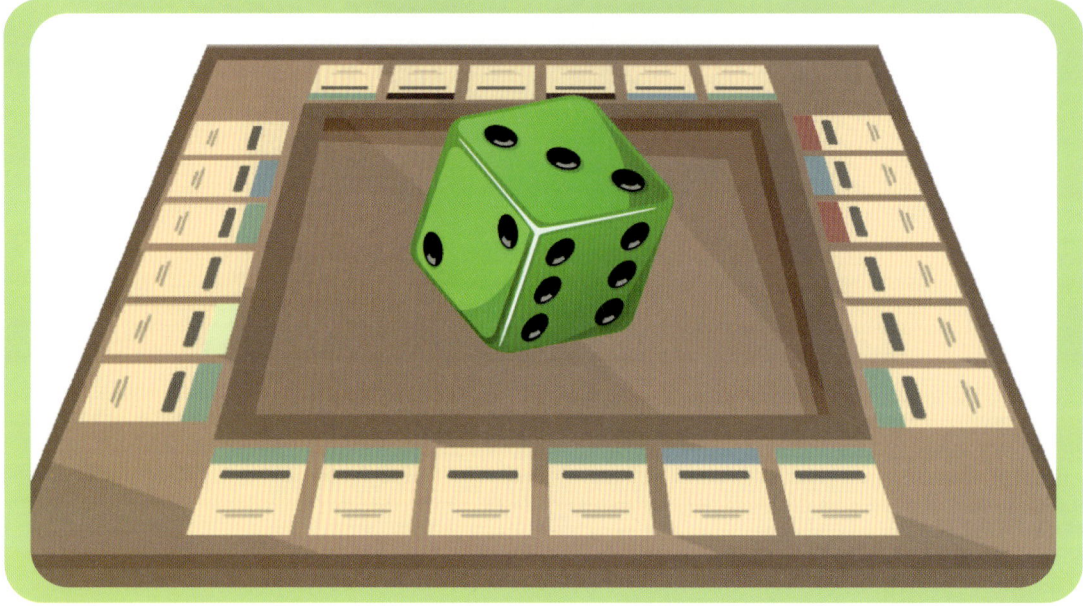

**핵심놀이** [연산] 팔레트의  블록 알아보기

- 난수란? 특별한 이유나 패턴 없이 선택되는 무작위 수를 의미합니다.
- 블록 안의 입력값 중 첫 번째 입력값 부터 두 번째 입력값 사이의 난수를 표시할 때 사용합니다.
- 입력값을 자연수(정수)로 지정할 경우 난수도 자연수(정수)로 표시되고, 입력값이 소수일 경우 난수도 소수(소수 둘째 자리까지)로 표시합니다.

난수란 순서나 규칙이 없는 무작위 수, 혹은 임의의 수라고도 한답니다.

▲ 주사위 스프라이트의 모양 번호로도 바꾸기 가능

## 01 스프라이트 모양의 숨기기 및 보이기

❶ [주사위놀이] 파일을 컴퓨터에서 가져온 후 [주사위] 스프라이트의 [모양] 탭에서 모양을 확인합니다.

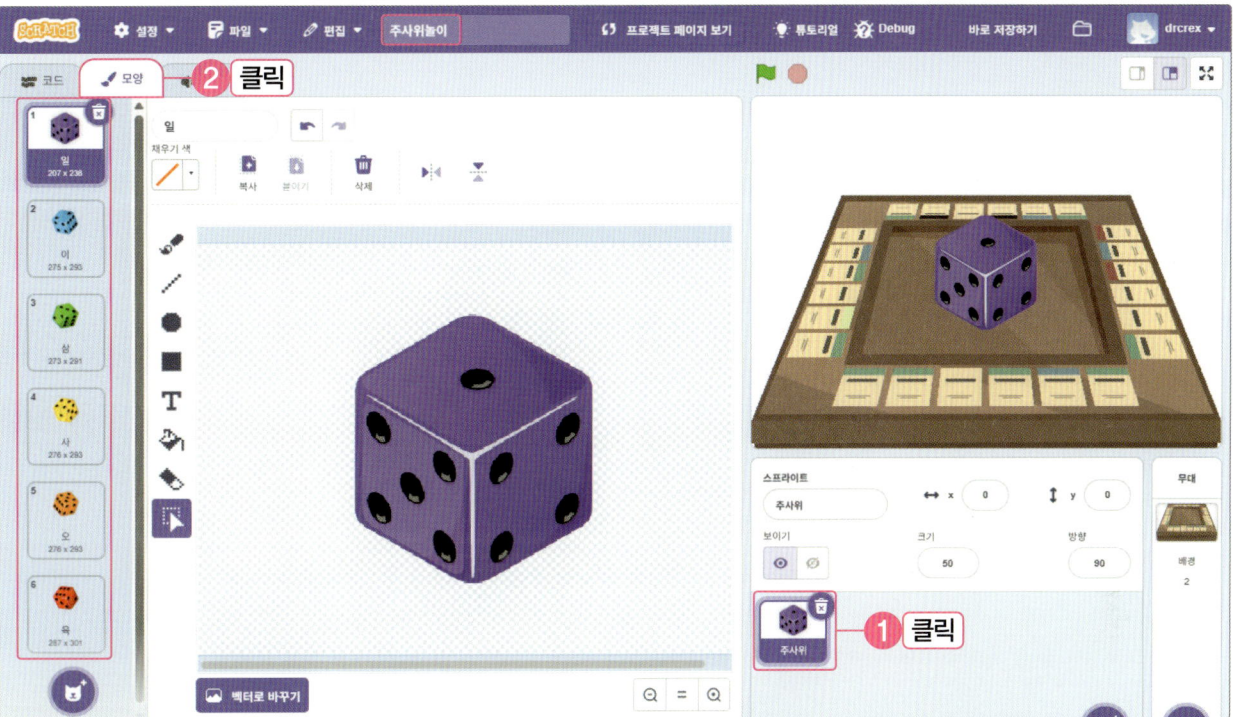

❷ [코드] 탭에서 [이벤트] 및 [형태] 팔레트를 이용하여 다음과 같이 블록을 연결합니다.

※ 시작하기 버튼을 클릭했을 때 모양을 숨깁니다.
　스페이스 키를 눌렀을 때 모양을 보입니다.

## 02 난수 만큼 반복하여 임의의 주사위 번호 모양 나타내기

❶ [제어] 팔레트의 `10 번 반복하기` 블록을 스크립트 창의 `보이기` 블록 아래에 연결합니다. [연산] 팔레트의 `1 부터 10 사이의 난수` 블록을 `10 번 반복하기` 블록 안에 끼워넣고 값(1, 50)을 수정합니다.

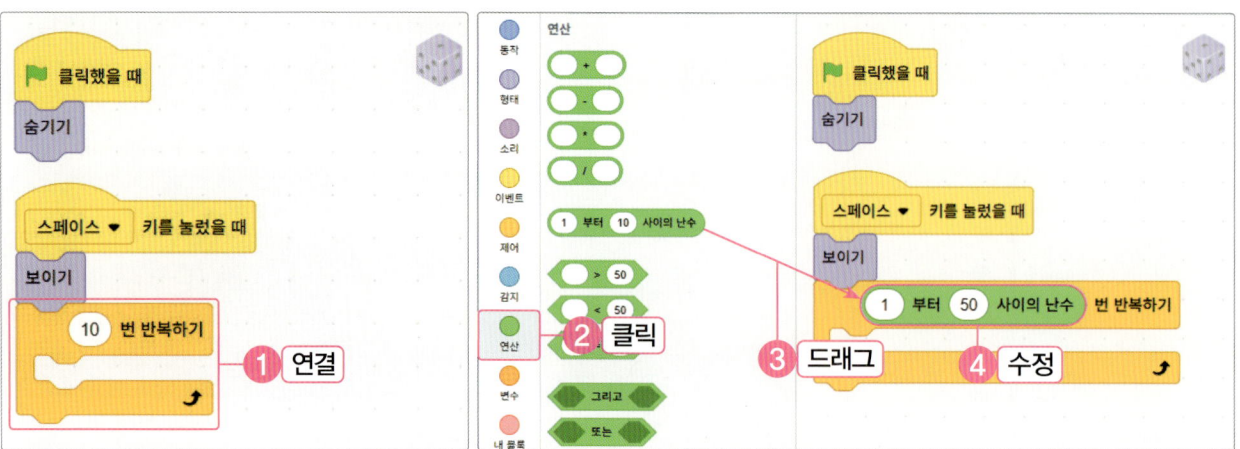

❷ [제어] 및 [형태] 팔레트를 이용하여 다음과 같이 블록을 추가 연결합니다.
  ※ 키보드의 스페이스 키를 눌렀을 때 모양을 보이고 1부터 50 사이의 난수 만큼 아래 기능을 반복합니다.
   - 0.1초를 기다린 후 다음 모양으로 바꾸기

❸ [시작하기]를 클릭 후 키보드의 `SpaceBar`를 누르면 난수(무작위 수)의 모양 바꾸기 반복 후 임의의 주사위 번호가 나오는지 확인합니다.

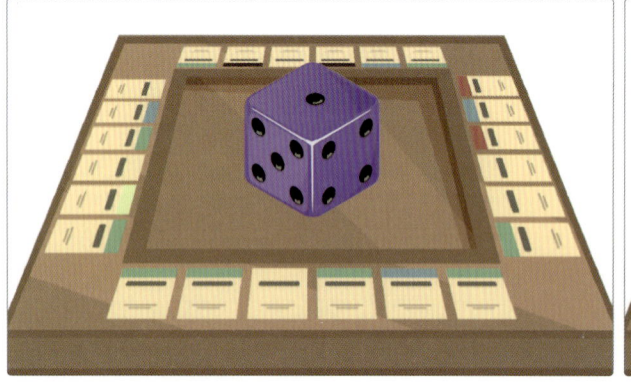 

# CHAPTER 03 문제 해결 미션 수행하기

**미션 1** '난수번호' 파일을 열고 다음 조건에 따라 무대를 완성한 후 실행해 보세요.

 ~

- 시작하기 버튼을 클릭했을 때 모양을 숨깁니다.
- 스페이스 키를 눌렀을 때 모양을 보이고 1부터 10 사이의 난수 만큼 반복하여 다음 모양으로 바꿉니다.

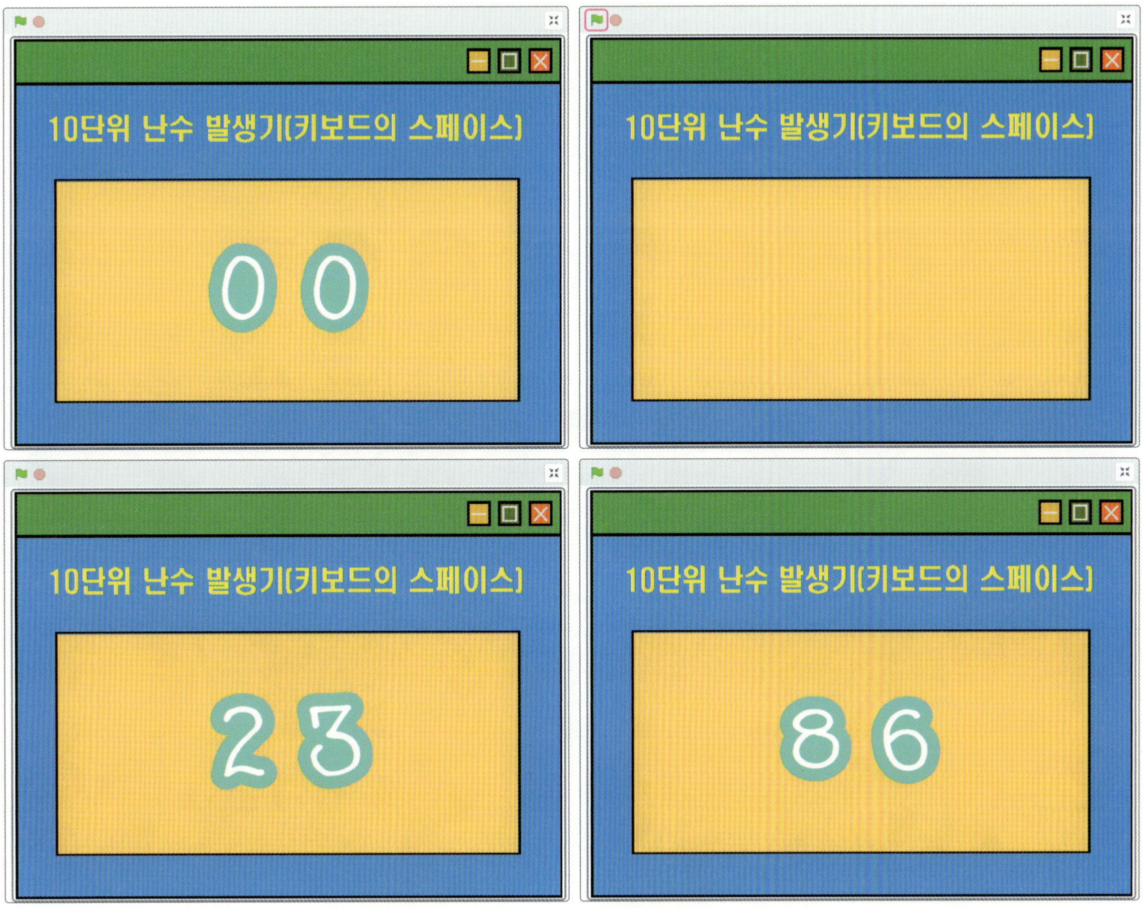

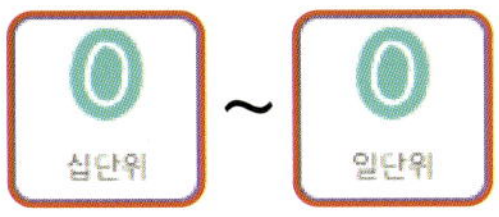

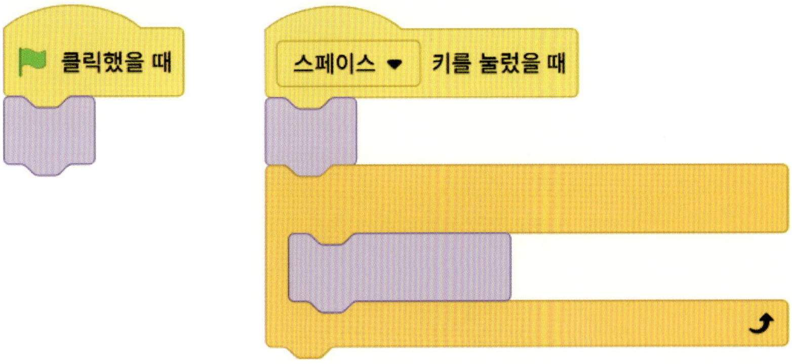

# CHAPTER 04 창의 놀이

**학습 목표**

● 필요한 정보를 수집하고 분석하여 문제를 해결하는 방법을 알아봅니다.    문제 해결 능력

### 어느 나라 국민일까요?

세계 여러 나라의 친구들이 모두 한국에 놀러왔습니다.
모두가 그 나라의 국기 모양과 비슷한 의상을 입고 왔는데요.
입은 옷만 보아도 어느 나라에서 왔는지 알 것 같네요~^^

아래 그림은 이번 한국 여행에 참가한 나라 중에서 일부 국가의 국기랍니다.

**01** 아래에 표시된 친구들은 어느 나라에서 왔을까요?
국기를 참고하면 힌트를 얻을 수 있어요.

[          ]   [          ]   [          ]   [          ]

[          ]   [          ]   [          ]

# Chapter 04 코딩 놀이 — 자유롭게 움직이는 드론과 꽃게 만들기

### 학습목표

- 난수 및 좌표 블록을 이용한 스프라이트의 이동 방법에 대해 알아봅니다.
- 특정 지역 안에서만 움직이는 스프라이트를 만들어 봅니다.

### 핵심놀이 — 난수 및 좌표 블록을 이용하여 스프라이트 이동 알아보기

- 모든 좌표를 이용한 블록의 x위치 및 y위치 등에 `1 부터 10 사이의 난수` 블록을 사용하면 스프라이트가 난수 지정 범위 안에서 자유롭게 이동하도록 코딩할 수 있습니다.
- 좌표를 이용한 블록은 모두 [동작] 팔레트 안에 포함되어 있습니다.

`x: -100 부터 100 사이의 난수 y: 0 (으)로 이동하기`  ◀ 참고 : 공움직이기.sb3

- 공이 x좌표를 -100 ~ 100 사이의 위치로 이동합니다.

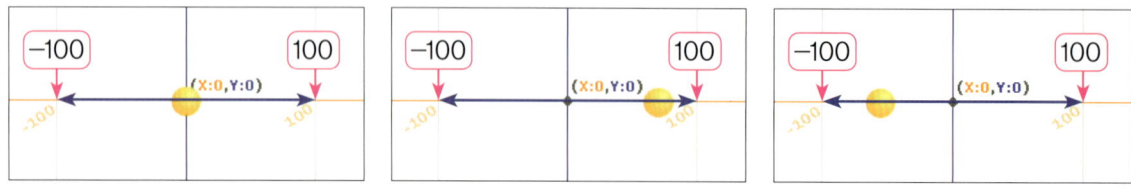

▲ 블록이 실행될 때마다 공이 무대의 X좌표 위치(-100 ~ 100) 안에서 이동

## 01 꽃게의 좌우 이동 만들기

❶ [자연] 파일을 불러온 후 [꽃게] 및 [드론] 스프라이트의 [모양] 탭에서 모양을 확인합니다.

❷ [꽃게] 스프라이트의 [코드] 탭에서 [이벤트] 및 [제어], [형태] 팔레트를 이용하여 다음과 같이 블록을 연결합니다.
   ※ 시작하기 버튼을 클릭했을 때 무한 반복하여 0.1초를 기다린 후 다음 모양으로 바꿉니다.

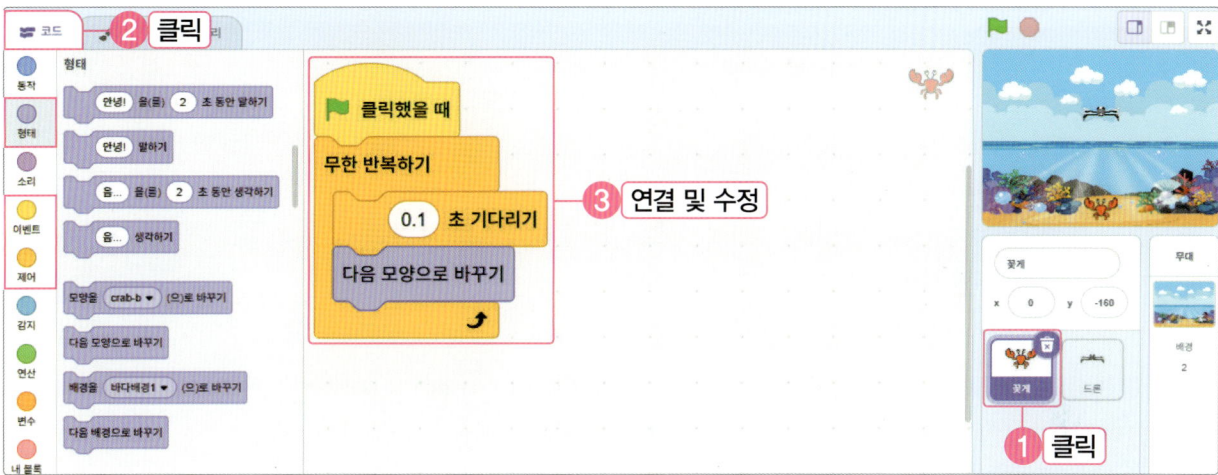

❸ [이벤트] 및 [제어], [동작], [형태], [연산] 팔레트를 이용하여 다음과 같이 블록을 연결합니다.
   ※ 시작하기 버튼을 클릭했을 무한 반복하여 다음 기능을 실행합니다.
   - 2초 동안 x좌표를 -200 부터 200 사이의 난수 위치로, y좌표를 -160 위치로 이동하기

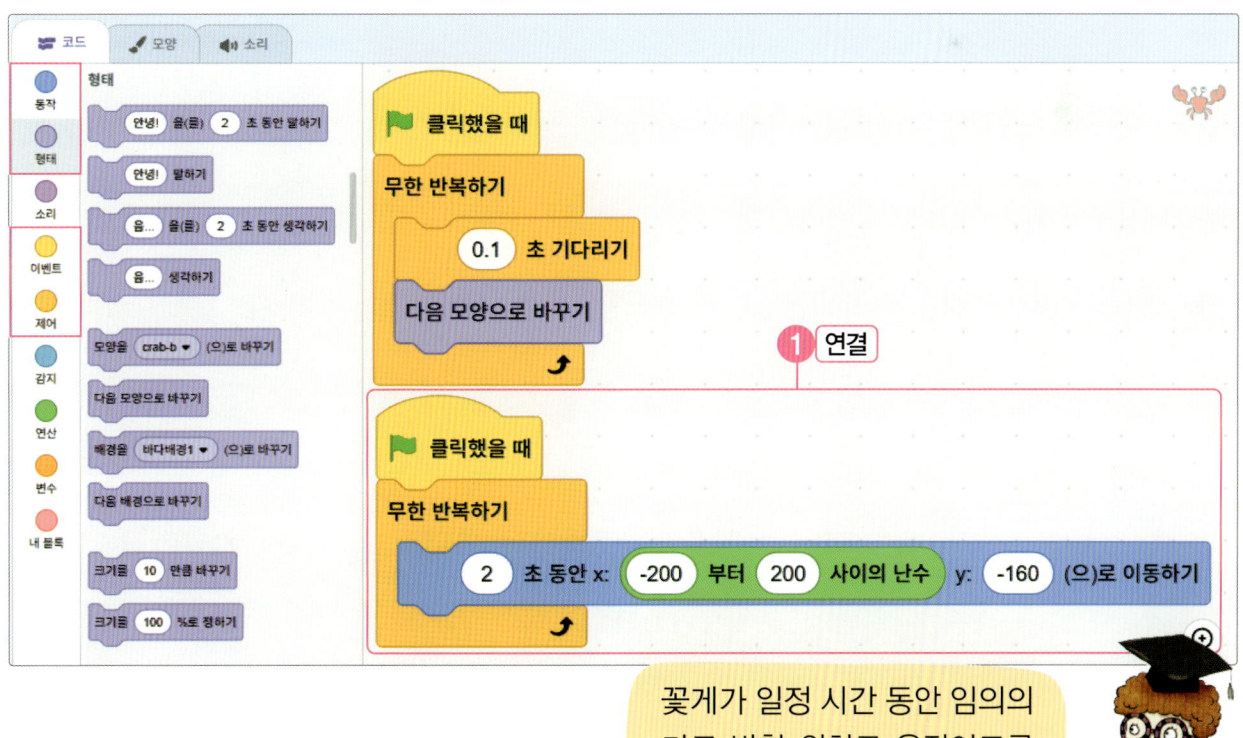

꽃게가 일정 시간 동안 임의의 가로 방향 위치로 움직이도록 만들기 위한 코드 블록입니다.

Chapter 04 자유롭게 움직이는 드론과 꽃게 만들기

## 02 드론의 무작위 위치 이동 만들기

❶ [드론] 스프라이트의 [코드] 탭에서 [이벤트] 및 [제어], [형태] 팔레트를 이용하여 다음과 같이 연결합니다.

※ 시작하기 버튼을 클릭했을 무한 반복하여 0.1초 기다린 후 다음 모양으로 바꿉니다.

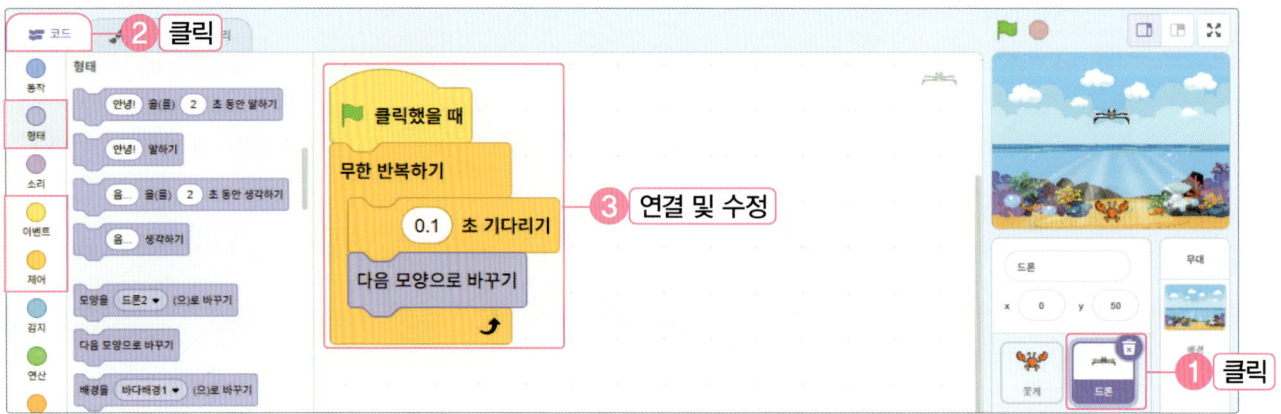

❷ [이벤트] 및 [제어], [동작] 팔레트와 [연산] 팔레트의 `1 부터 10 사이의 난수` 블록을 이용하여 다음과 같이 블록을 연결합니다.

※ 시작하기 버튼을 클릭했을 무한 반복하여 다음 기능을 실행합니다.
  - 1 부터 5 사이의 난수 초 동안 x좌표를 -200 부터 200 사이의 난수 위치로, y좌표를 0 부터 160 사이의 난수 위치로 이동하기

❸ [시작하기]를 클릭 후 드론과 꽃게의 움직임을 확인합니다.

# CHAPTER 04 문제 해결 미션 수행하기

 '아이스하키' 파일을 열고 다음 조건에 따라 무대를 완성한 후 실행해 보세요.

- 시작하기 버튼을 클릭했을 때 무한 반복하여 다음 기능을 실행합니다.
  - 0.1 부터 2 사이의 난수 초 동안 x좌표를 –100 부터 170 사이의 난수 위치로, y좌표를 –20 부터 –90 사이의 난수 위치로 이동하기

- 시작하기 버튼을 클릭했을 때 무한 반복하여 다음 기능을 실행합니다.
  - 0.1 부터 1 사이의 난수 초 동안 x좌표를 –150 부터 –50 사이의 난수 위치로, y좌표를 –25 위치로 이동하기

# CHAPTER 05 창의 놀이

### 학습 목표

- 종이를 접어 특정 부분을 잘랐을 때의 모양을 분석하며 규칙과 반복을 배웁니다. `패턴 인식`

### 종이 자른 모양 맞추기

**01** 아래의 그림과 같이 종이를 접고 마지막 끝 부분을 가위로 잘랐을 때 펼친 모양으로 옳은 모양은 무엇일까요?

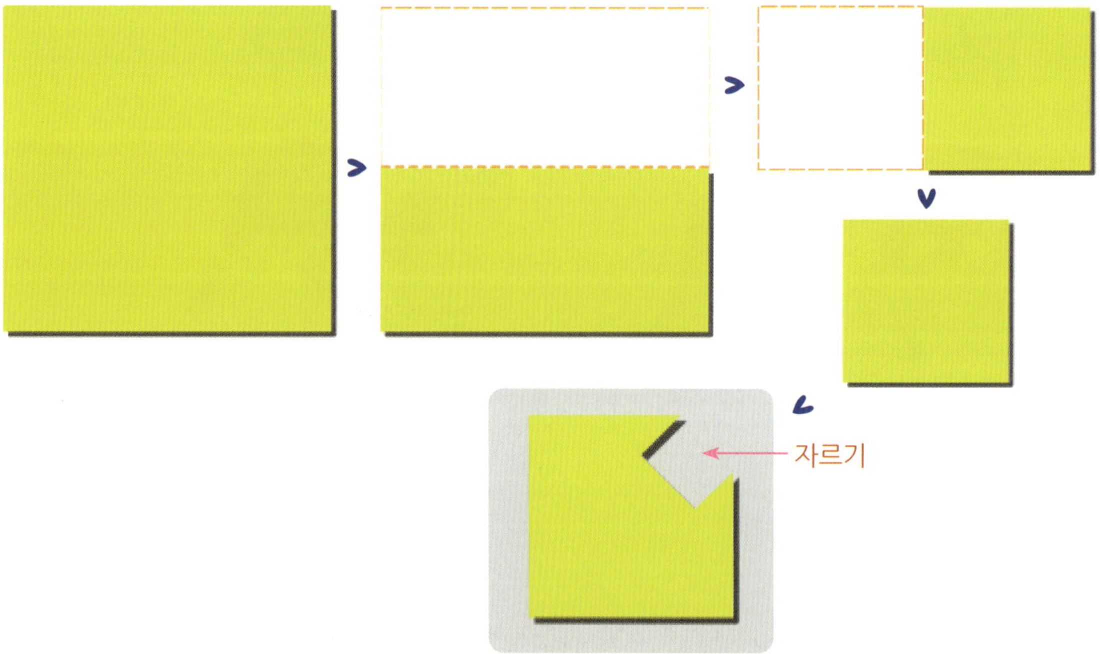

← 자르기

**02** 아래의 그림과 같이 종이를 접고 마지막 끝 부분을 가위로 잘랐을 때 펼친 모양으로 옳은 모양은 무엇일까요?

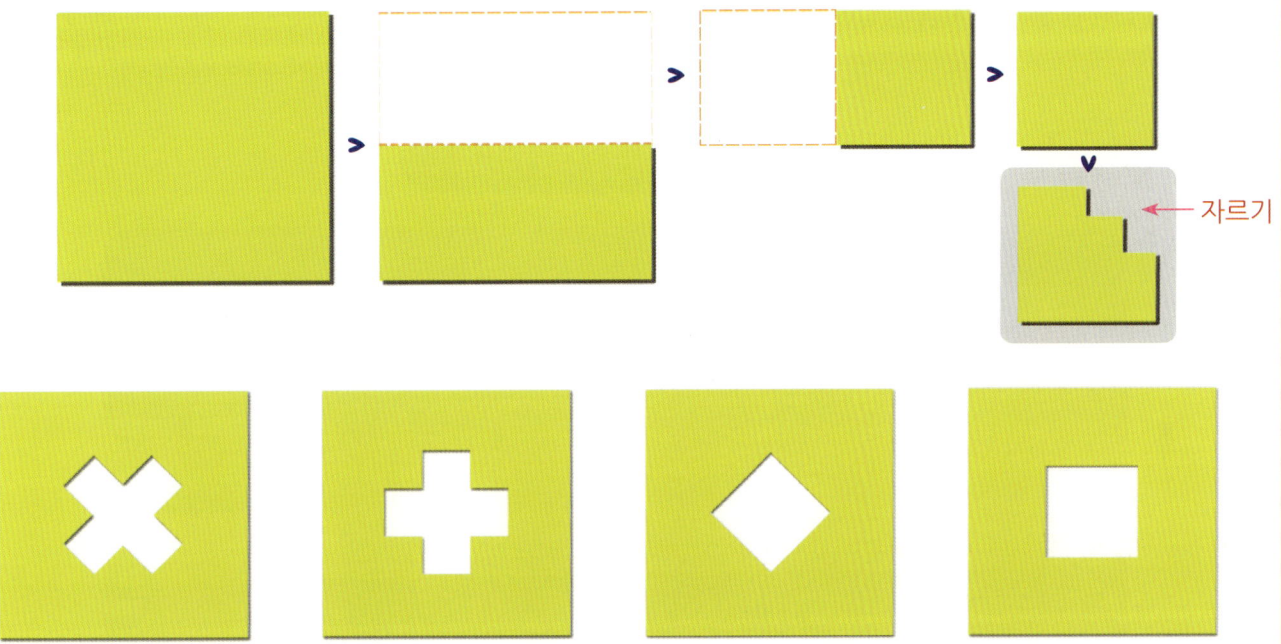

**03** 아래의 그림과 같이 종이를 접고 마지막 끝 부분을 가위로 잘랐을 때 펼친 모양으로 옳은 모양은 무엇일까요?

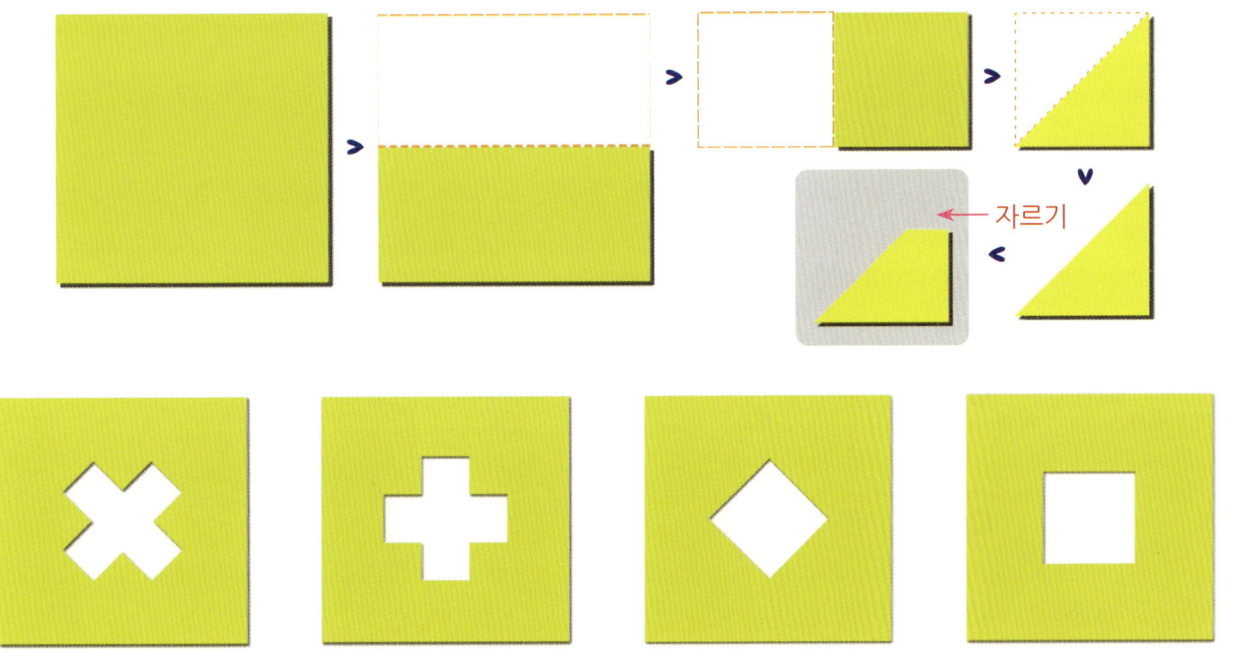

# Chapter 05 코딩 놀이

## 크리스마스 캐롤 음악 재생하기

**학습목표**
- 소리 파일의 추가 방법에 대해 알아봅니다.
- 소리와 관련된 블록의 사용 방법에 대해 알아봅니다.

배울 내용 미리보기

**핵심놀이** 소리 추가 및 사용 블록 살펴보기

- [소리] 탭에서 [소리 고르기]를 클릭 후 목록에서 원하는 소리를 선택하여 사용하며, 소리의 편집도 할 수 있습니다.

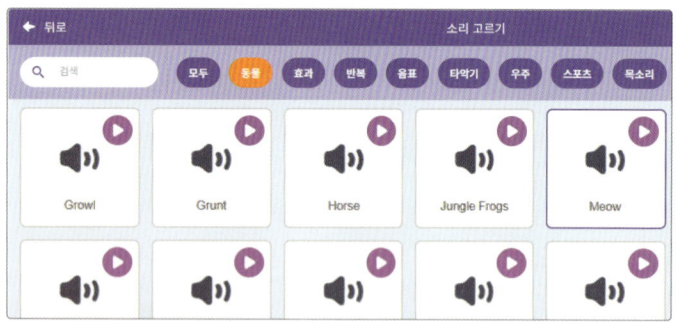
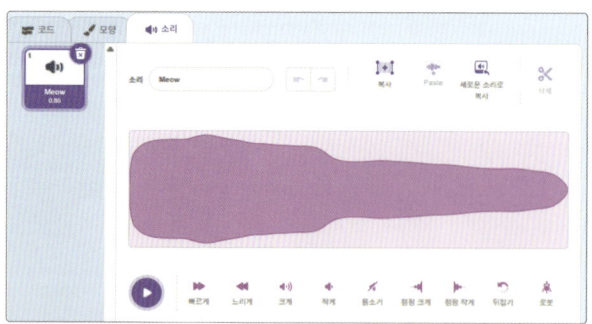

- `Meow▼ 재생하기` : 선택한 소리를 재생하면서 다음 블록을 실행합니다.
- `Meow▼ 끝까지 재생하기` : 선택한 소리를 재생 후 끝나면 다음 블록을 실행합니다.
- `모든 소리 끄기` : 재생하는 모든 소리를 멈춥니다.

## 01 벽난로 배경의 반복하여 모양 바꾸기

❶ [크리스마스] 파일을 오프라인에서 불러온 후 [배경]의 [배경] 탭에서 배경 모양을 확인합니다.

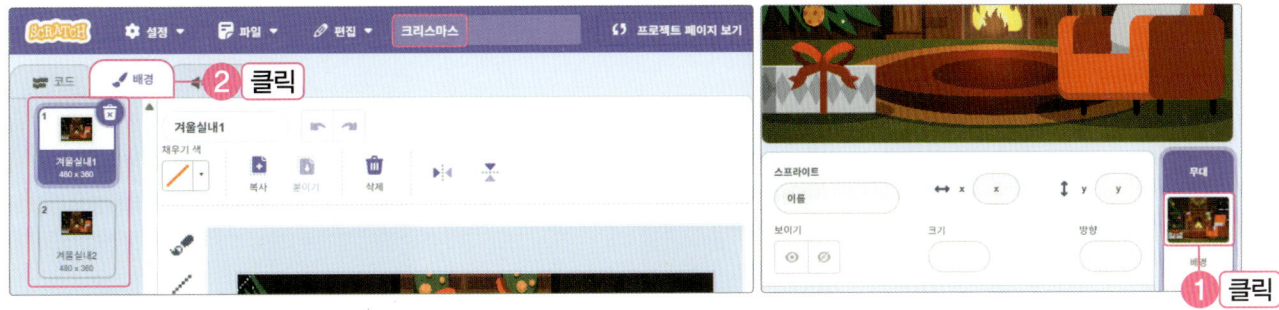

❷ [코드] 탭에서 [이벤트] 및 [제어], [형태] 팔레트를 이용하여 다음과 같이 블록을 연결합니다.
※ 시작하기 버튼을 클릭했을 때 무한 반복하여 0.5초를 기다린 후 다음 배경으로 바꿉니다.

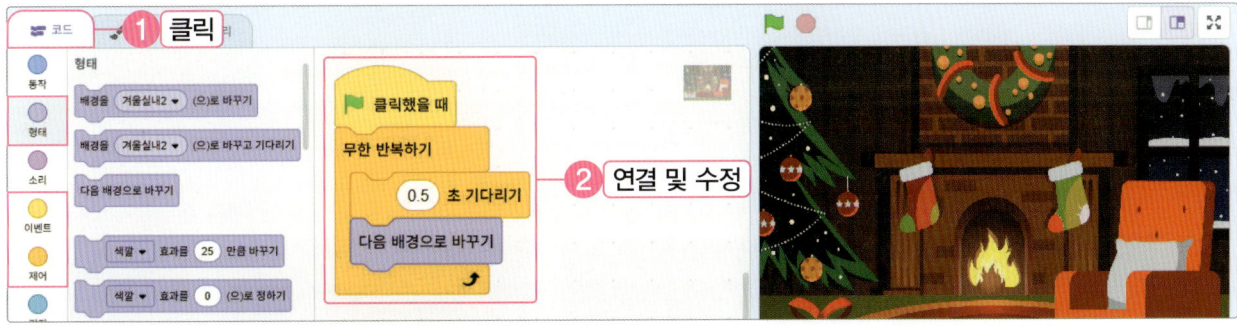

❸ [소리] 탭에서 [소리 고르기]를 클릭 후 [소리 업로드하기]를 클릭합니다. [열기] 대화상자에서 폴더 위치(05장>불러올파일) 및 소리 파일(크리스마스음악.mp3)을 지정한 후 [열기]를 클릭합니다.

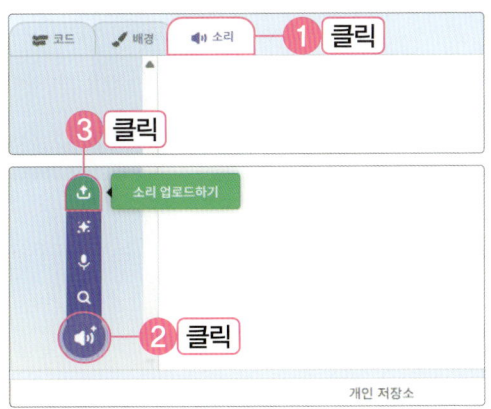 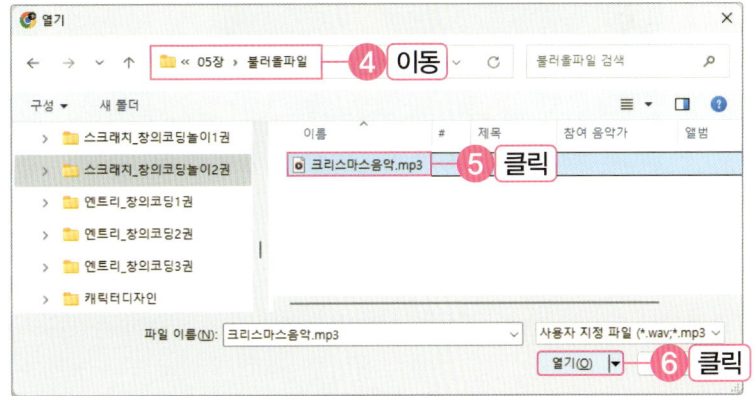

### STOP! 여기서 잠깐!

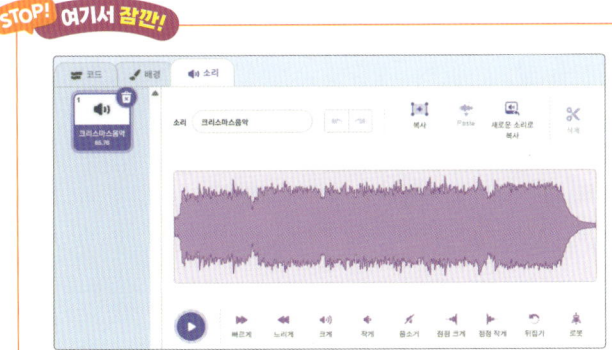

**소리 편집하기**
- 업로드 한 소리는 [소리] 탭 목록에 표시됩니다.
- 업로드 한 소리는 특정 부분을 자르거나 속도 및 크기 등 다양한 효과로 편집할 수 있습니다.

Chapter 05 크리스마스 캐롤 음악 재생하기 • 35

## 02 소리 추가하고 재생 블록으로 연결하기

❶ [배경]의 [코드] 탭에서 [이벤트] 및 [제어], [소리] 팔레트를 이용하여 다음과 같이 블록을 연결합니다.

※ 시작하기 버튼을 클릭했을 때 무한 반복하여 '크리스마스음악' 소리를 끝까지 재생합니다.

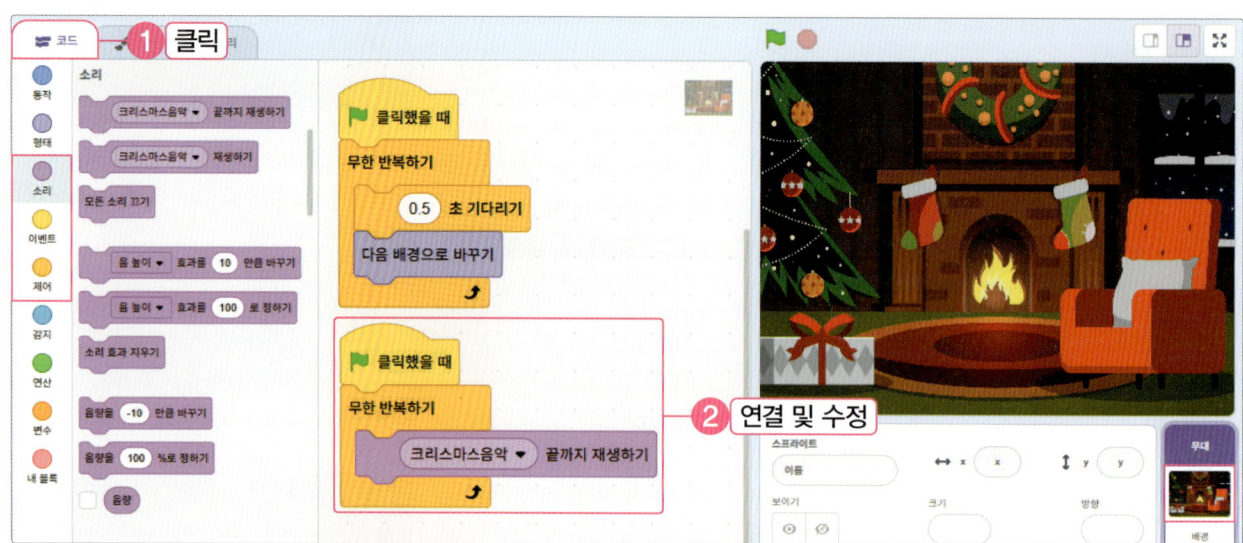

❷ [시작하기]를 클릭 후 무대의 결과를 확인합니다.

### STOP! 여기서 잠깐!

**소리 고르기**
- [소리] 탭에서 [소리 고르기]를 클릭하면 스크래치에서 제공하는 다양한 소리 파일이 표시됩니다.
- 다양한 악기 및 동물 등 효과음과 반복음 중에서 원하는 소리를 선택하여 사용할 수 있습니다.

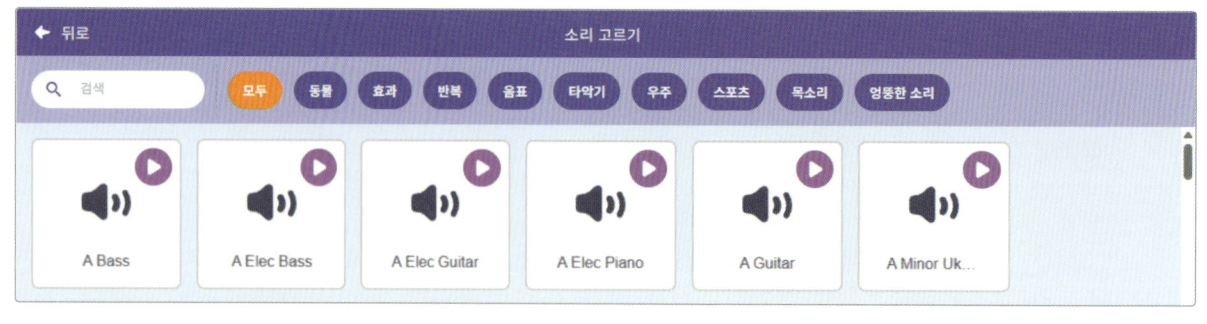

# CHAPTER 05 문제 해결 미션 수행하기

 **미션 1** '비트박스' 파일을 열고 다음 조건에 따라 무대를 완성한 후 실행해 보세요.

- 소리 추가하기 : [소리 고르기]-[반복]-[Hip Hop]
- 시작하기 버튼을 클릭했을 때 무한 반복하여 0.4 초 기다린 후 다음 모양으로 바꾸기
- 시작하기 버튼을 클릭했을 때 무한 반복하여 'Hip Hop' 끝까지 재생하기

- 시작하기 버튼을 클릭했을 때 무한 반복하여 0.4 초 기다린 후 다음 배경으로 바꾸기

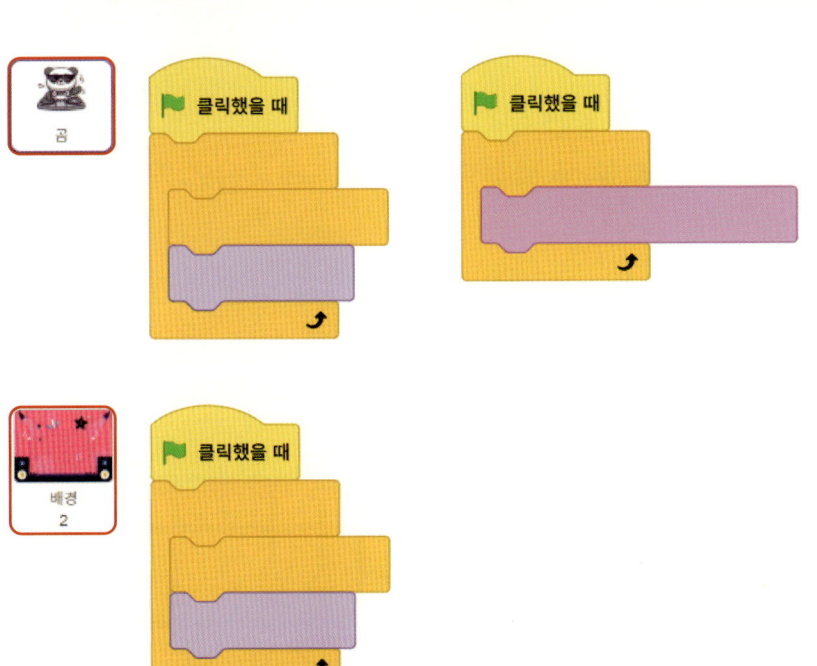

Chapter 05 크리스마스 캐롤 음악 재생하기 • 37

# CHAPTER 06 창의 놀이

> **학습 목표**
> 
> • 주판을 이용한 계산 방식을 알아봅니다.
> 
> **수학적 사고력**

### 주판 사용하기

주판은 컴퓨터와 계산기가 나오기 이전에 셈을 할 때 사용하던 도구입니다.
이번 시간에는 계산기와 컴퓨터가 나오기 이전에 어떤 방법으로 계산을 했는지 알아봅니다.

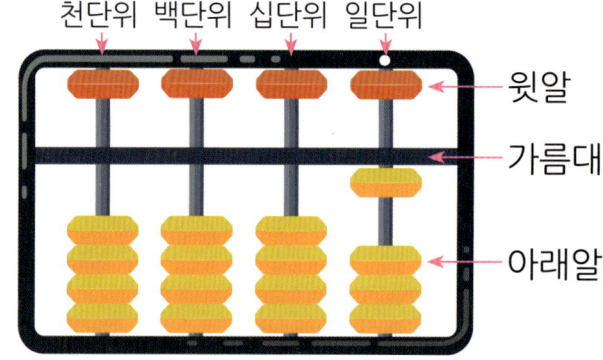

[주판의 명칭과 숫자를 읽는 규칙]

- 윗알 : 한 알은 5를 나타내요.
- 아래알 : 한 알은 1을 나타내요.
- 가름대 : 윗알과 아래알을 가로막아 놓은 부분이에요.
- 단위 : 주판의 흰 색 점을 기준으로 왼쪽 방향으로 일의 자리 / 십의 자리 / 백의 자리 / 천의 자리 등으로 단위를 읽어요.
- 숫자 나타내기 : 아래알 1개를 가름대에 붙이면 1, 2개를 붙이면 2, 3개를 붙이면 3, 4개를 붙이면 4 등으로 읽고 윗알을 가름대에 붙이면 5로 읽어요.

[주판 숫자 읽기 예]

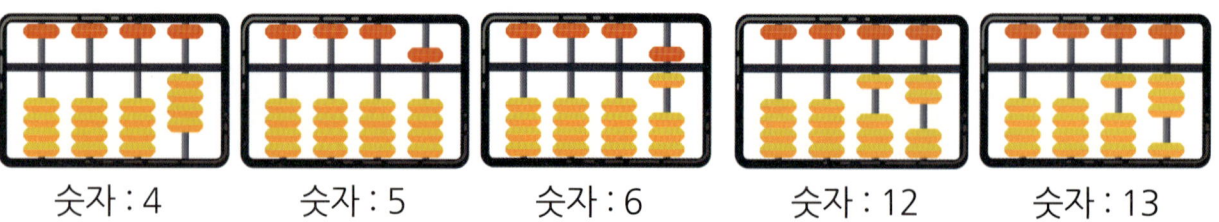

숫자 : 4   숫자 : 5   숫자 : 6   숫자 : 12   숫자 : 13

주판을 이용하여 덧셈 및 뺄셈을 하려고 해요.
아래의 보기는 주판을 이용한 덧셈과 뺄셈의 계산 방법이에요.

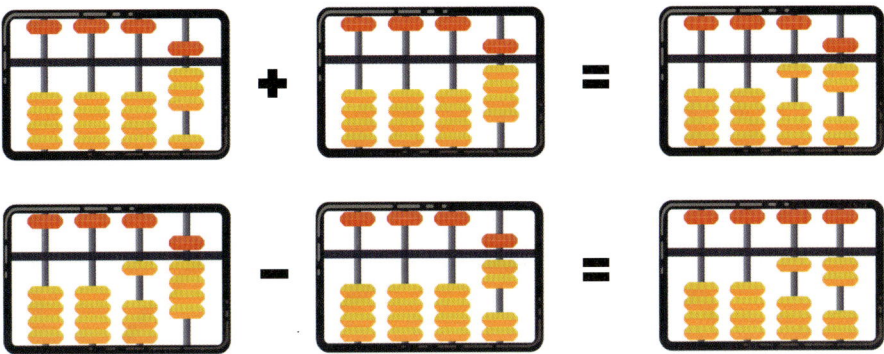

**01** 아래 문제의 덧셈과 뺄셈 계산 결과를 주판알을 그려 결과를 만들어 보세요.

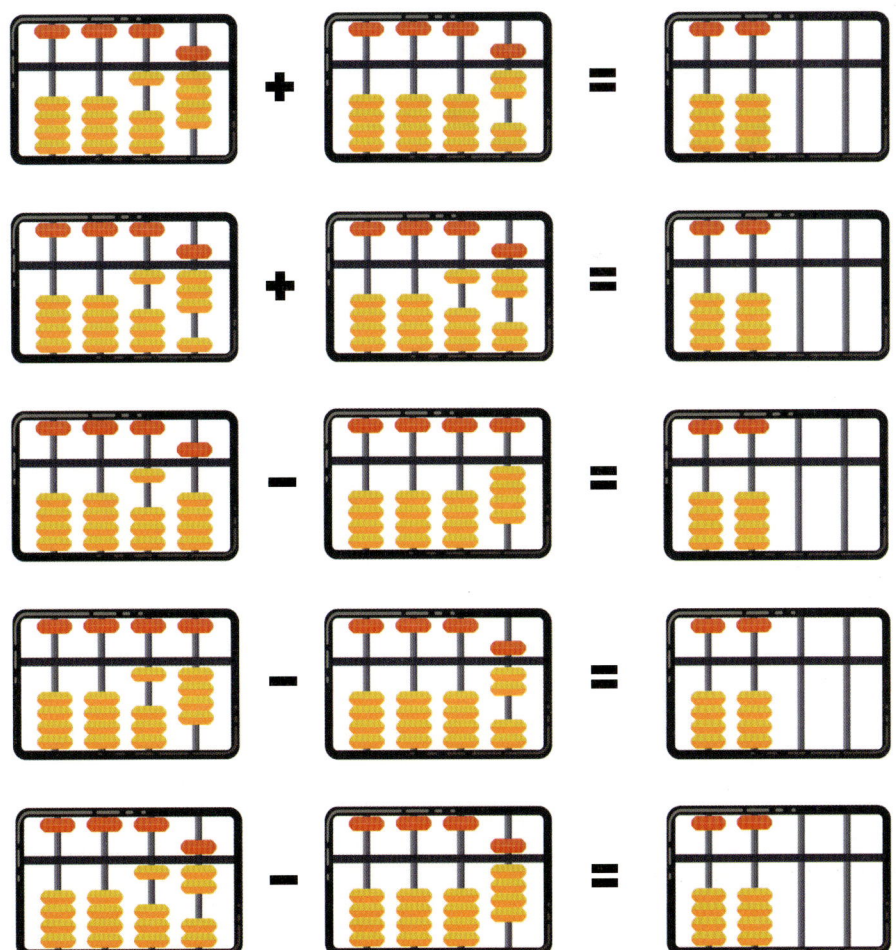

# Chapter 06 코딩 놀이 — 그림판 만들어 그림 그리기

### 학습목표
- 조건 선택이란 무엇인지 알아봅니다.
- 조건 선택 블록의 사용 방법에 대해 알아봅니다.

**배울 내용 미리보기**

### 핵심놀이  조건 선택 알고리즘 알아보기

- 조건 선택은 블록을 이용하여 질문을 한 다음 질문 내용에 따라 결정을 선택하도록 도와줄 때 사용합니다.

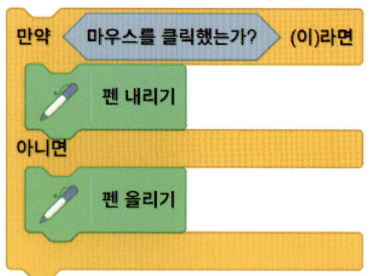 : 만약 마우스를 클릭했다면 펜 내리기로 그리기를 시작하고 그렇지 않으면 펜 올리기로 그리기를 멈춥니다.

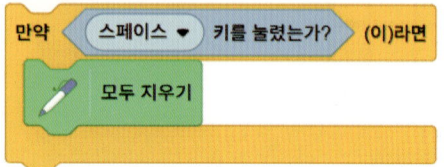 : 만약 키보드의 SpaceBar 를 눌렀다면 모든 펜으로 그린 그림을 지웁니다.

40 • 창의코딩놀이 **Lesson 2**_스크래치

## 01 스프라이트의 중심점 변경 및 [펜] 팔레트 추가하기

❶ [그림판] 파일을 오프라인에서 불러온 후 [연필] 스프라이트의 [모양]을 클릭합니다. 무대에 표시된 연필 스프라이트의 중심점이 연필 촉 끝부분을 가리키고 있는지 확인합니다.

❷ [코드] 탭의 [확장 기능 추가하기(🧩)]를 클릭 후 확장 기능 고르기 화면에서 [펜]을 클릭합니다.

❸ [코드] 탭의 팔레트 목록에 [펜] 팔레트가 추가되며, 관련 블록이 표시되는 것을 확인할 수 있습니다.

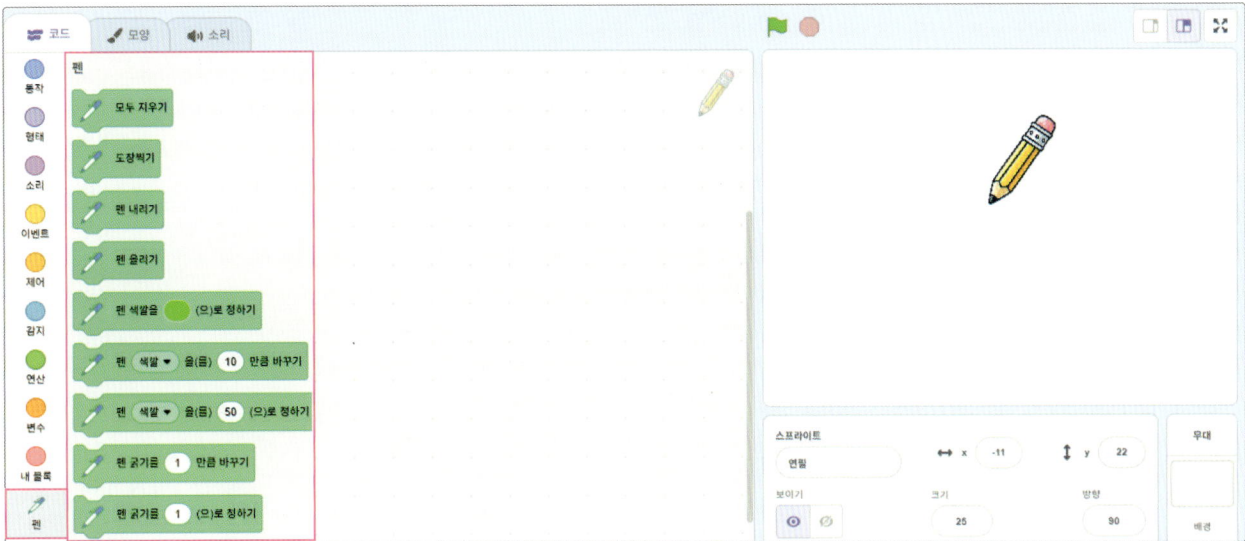

Chapter 06 그림판 만들어 그림 그리기 • 41

## 02 연필을 이용한 그림 그리기 및 모두 지우기

❶ [연필] 스프라이트의 [코드] 탭에서 [이벤트] 및 [펜] 팔레트를 이용하여 [시작하기]를 통해 펜 색깔(검정) 및 펜 굵기(5)를 지정하는 블록을 연결합니다.

❷ 같은 방법으로 [제어] 및 [동작], [감지], [펜] 팔레트를 이용하여 다음과 같이 블록을 추가 연결합니다.
※ 시작하기를 클릭했을 때 펜 색깔(검정) 및 펜 굵기(5)를 정한 후 무한 반복하여 다음 기능을 실행합니다.
  - 마우스 포인터로 이동하기
  - 만약, 마우스를 클릭 했다면 펜을 내려 그리기 시작하고 그렇지 않으면 펜을 올려 그리기 멈추기
  - 만약, 스페이스 키를 눌렀다면 펜으로 그린 그림을 모두 지우기

❸ [시작하기]를 클릭한 다음 마우스를 클릭 후 드래그하여 그림을 그려보고 무대에 그린 그림을 키보드의 SpaceBar 를 눌러 모두 지워봅니다.

# CHAPTER 06 문제 해결 미션 수행하기

**미션 1** '그림판수정' 파일을 열고 다음 조건에 따라 그림판을 완성한 후 실행해 보세요.

- 시작하기 버튼을 클릭했을 때 무한 반복하여 다음 기능을 실행합니다.
  - 마우스 포인터로 이동하기
  - 만약, 마우스를 클릭했다면 펜을 내리고 그렇지 않으면 펜 올리기
  - 만약, 왼쪽 화살표를 눌렀다면 펜 굵기를 −1만큼 바꾸기
  - 만약, 오른쪽 화살표를 눌렀다면 펜 굵기를 1만큼 바꾸기
  - 만약, 위쪽 화살표를 눌렀다면 펜 색깔을 검정으로 바꾸기
  - 만약, 아래쪽 화살표를 눌렀다면 펜 색깔을 빨강으로 바꾸기
  - 만약, 스페이스 키를 눌렀다면 모두 지우기

```
🏁 클릭했을 때
무한 반복하기
    만약 ⬡ (이)라면
        🖉 펜 내리기
    아니면
        🖉 펜 올리기
    만약 ⬡ (이)라면
        🖉 펜 굵기를 ○ 만큼 바꾸기
    만약 ⬡ (이)라면
        🖉 펜 굵기를 ○ 만큼 바꾸기
    만약 [위쪽 화살표 ▼] 키를 눌렀는가? (이)라면
        🖉
    만약 [아래쪽 화살표 ▼] 키를 눌렀는가? (이)라면
        🖉
    만약 ⬡ (이)라면
        🖉 모두 지우기
```

# CHAPTER 07 창의 놀이

**학습 목표**

- 재미있는 퍼즐 스도쿠 문제를 풀어보며 논리적 사고력을 높여봅니다.

**논리적 사고력**

### 재미있는 스도쿠 문제

**01** 재미있는 4×4 퍼즐 스도쿠를 배워보죠!
격자를 살펴보면 행이 4개, 열이 4개, 작은 상자가 4개 있습니다(각 상자는 2×2 임).
아래 규칙에 따라 빈 상자에 들어갈 이미지가 무엇인지 번호를 적어주세요.

[규칙]
- 모든 행과 열에는 반복 없이 서로 다른 이미지가 모두 있어야 해요.
- 모든 작은 상자(2×2 영역)에는 반복 없이 4개의 서로 다른 이미지가 모두 있어야 해요.

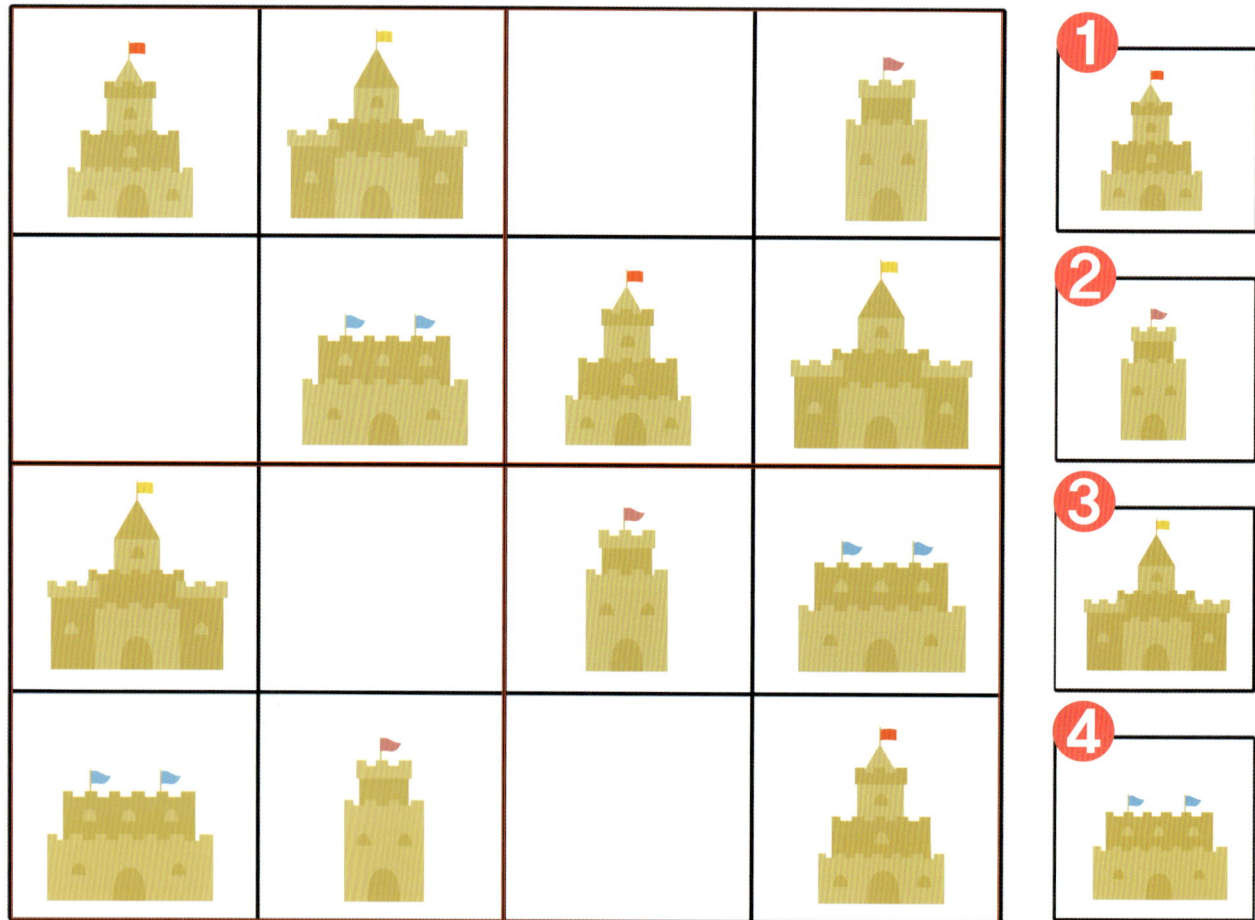

**02** 재미있는 4×4 퍼즐 스도쿠를 배워보죠!

격자를 살펴보면 행이 4개, 열이 4개, 작은 상자가 4개 있습니다(각 상자는 2×2 임).

아래 규칙에 따라 빈 상자에 들어갈 이미지가 무엇인지 번호를 적어주세요.

[규칙]
- 모든 행과 열에는 반복 없이 서로 다른 이미지가 모두 있어야 해요.
- 모든 작은 상자(2×2 영역)에는 반복 없이 4개의 서로 다른 이미지가 모두 있어야 해요.

# Chapter 07 코딩 놀이 — 로봇 청소기 만들기

**학습목표**
- 특정 스프라이트에 닿았을 경우의 조건 선택에 대해 알아봅니다.
- 스프라이트의 무작위 위치로 이동하는 방법에 대해 알아봅니다.

**핵심놀이** 쓰레기의 청소기에 닿았을 때 무대 안에서 임의의 위치로 이동하기

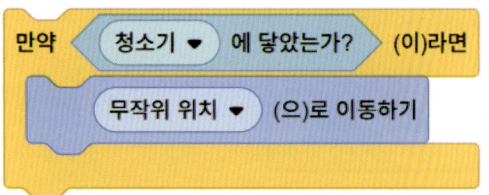

▲ 만약, 청소기에 닿았다면 스프라이트를 무작위(임의의) 위치로 이동합니다.

## 01 청소기에 닿았을 때 잠시 숨겼다가 임의의 위치로 이동하여 보이기

❶ [청소] 파일을 불러온 후 [쓰레기1] 및 [쓰레기2] 스프라이트의 [모양] 탭에서 모양을 확인합니다.

❷ [청소기] 스프라이트의 [코드] 탭에서 [이벤트] 및 [제어], [동작], [연산] 팔레트를 이용하여 블록을 연결합니다.

※ 시작하기를 클릭했을 때 무한 반복하여 다음 기능을 실행합니다.
– 오른쪽 방향으로 –2 부터 2 사이의 난수 만큼 돌고 5만큼 움직인 후 벽에 닿으면 튕기기

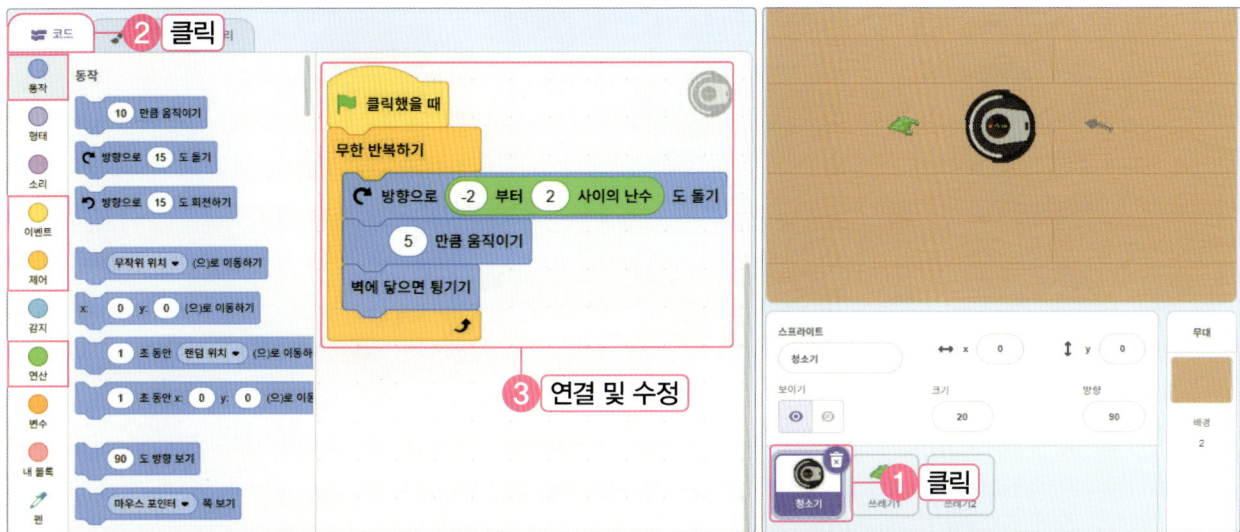

❸ [쓰레기1] 스프라이트의 [코드] 탭에서 [이벤트] 및 [형태], [제어], [감지], [동작] 팔레트를 이용하여 블록을 연결합니다.

※ 시작하기를 클릭했을 때 모양을 보이고 무한 반복하여 다음 기능을 실행합니다.
– 만약, 청소기에 닿았다면 다음 기능을 실행합니다.
·· 모양을 숨기고 1초 기다렸다가 다음 모양으로 바꾸기
·· 무작위 위치로 이동한 후 모양을 보이기

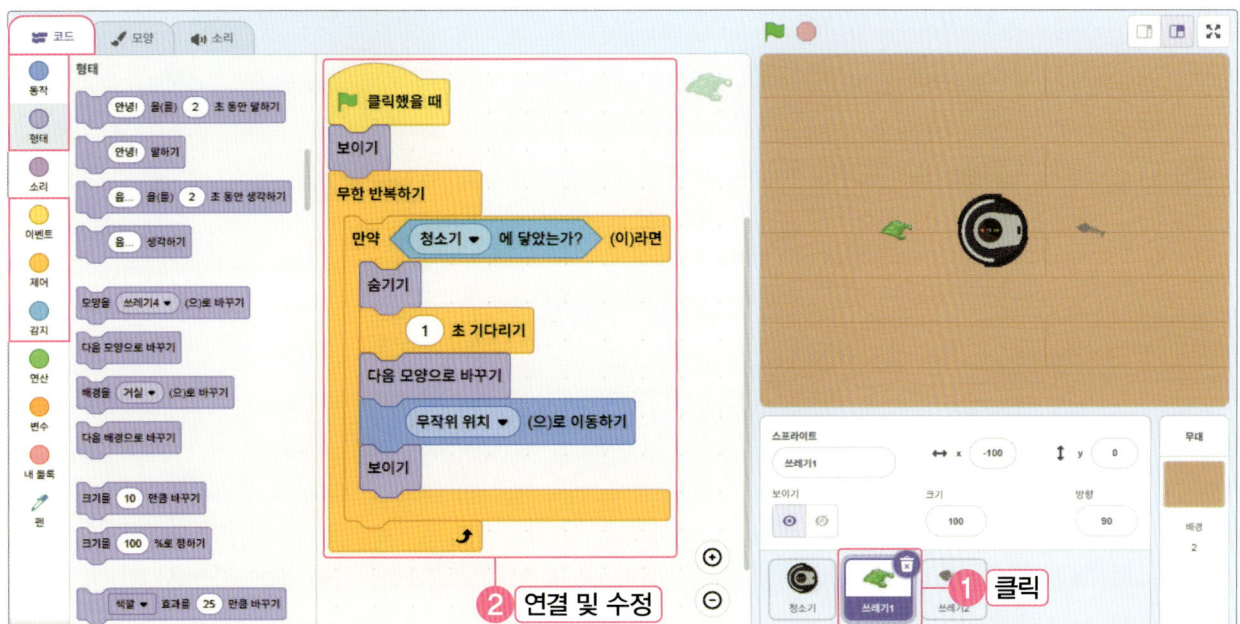

## 02 블록 코드 복사하기

❶ [쓰레기1] 스프라이트의 스크립트 창에서 블록 코드의 가장 위쪽 블록을 [쓰레기2] 스프라이트까지 마우스를 드래그합니다.

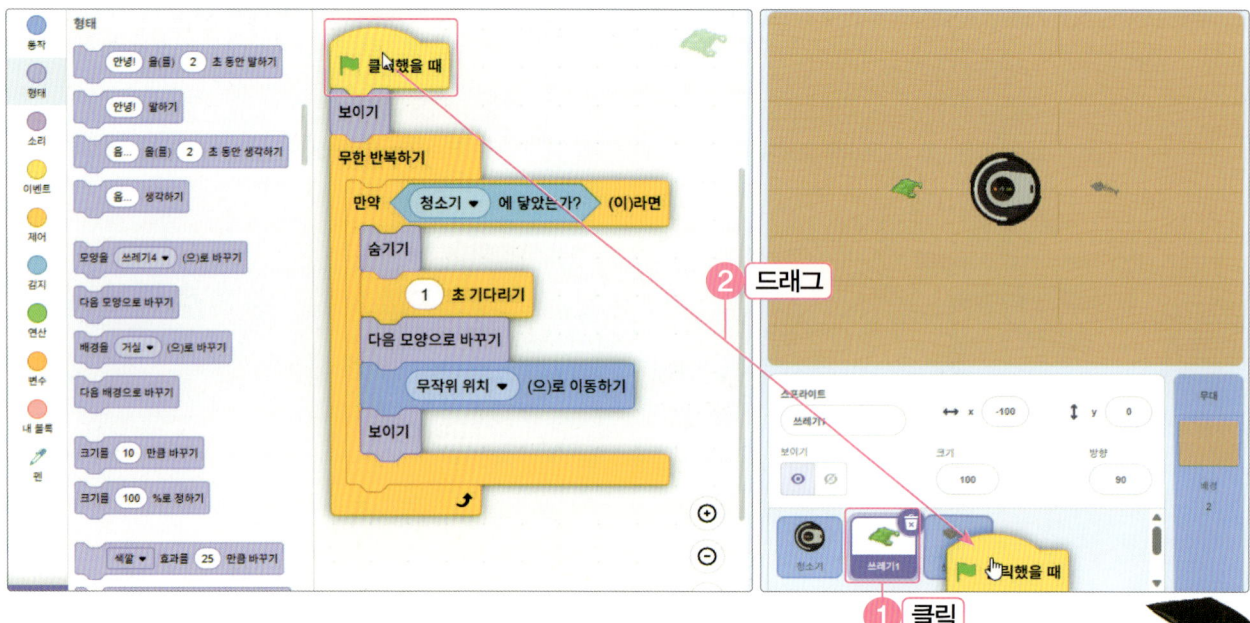

[쓰레기1] 스프라이트의 블록 코드를 드래그하여 [쓰레기2] 스프라이트까지 이동하면 [쓰레기2] 스프라이트의 썸네일이 움직이며, 이때 마우스를 떼면 복사됩니다.

❷ [쓰레기2] 스프라이트의 스크립트 창에 [쓰레기1] 스프라이트의 블록 코드 묶음이 복사되어 표시되는 것을 확인할 수 있습니다.

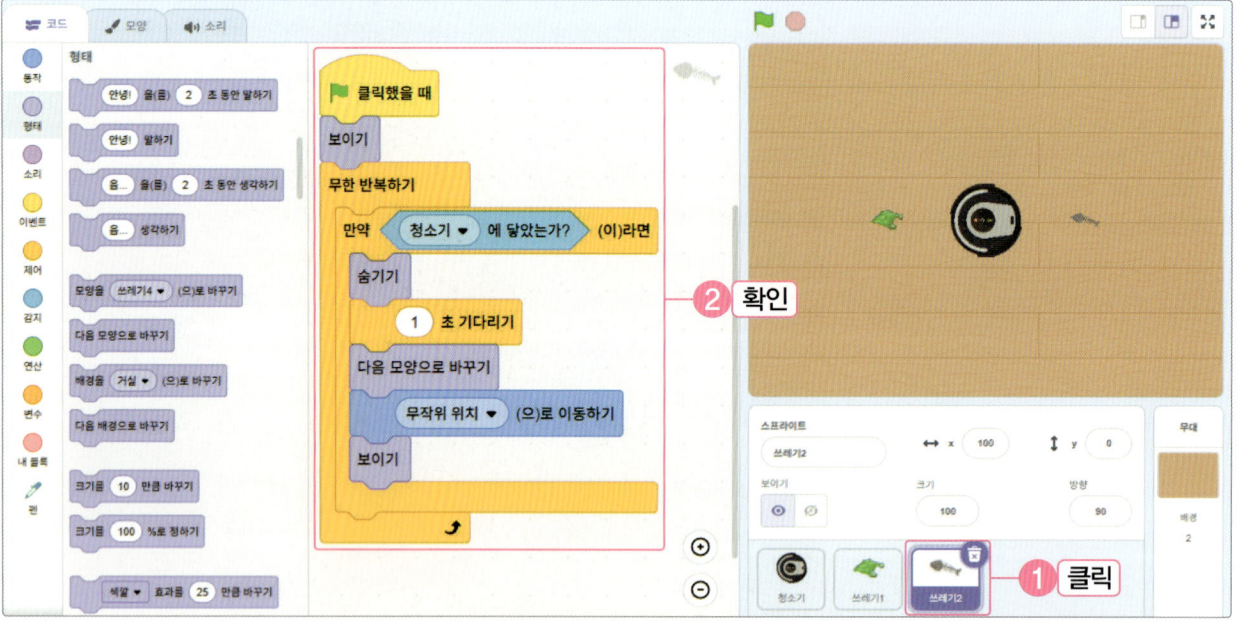

❸ [시작하기]를 클릭 후 무대에서 청소기가 자유롭게 움직이며 쓰레기를 청소하는지 확인합니다.

# CHAPTER 07 문제 해결 미션 수행하기

**미션 1** '먹보쥐' 파일을 열고 다음 조건에 따라 블록 코드를 완성한 후 실행해 보세요.

- 시작하기 버튼을 클릭했을 때 무한 반복하여 다음 기능을 실행합니다.
  - 오른쪽 방향으로 –3 부터 3 사이의 난수 만큼 돌기
  - 10만큼 움직인 후 벽에 닿으면 튕기기

- 시작하기 버튼을 클릭했을 때 보이고 무한 반복하여 다음 기능을 실행합니다.
  - 만약, 마우스에 닿았다면 다음 기능을 실행하기
    ·· 모양을 숨기고 1초 기다린 후 다음 모양으로 바꾸기
    ·· 무작위 위치로 이동한 후 모양을 보이기

- 치즈 스프라이트의 블록 코드를 복사하여 붙여넣기

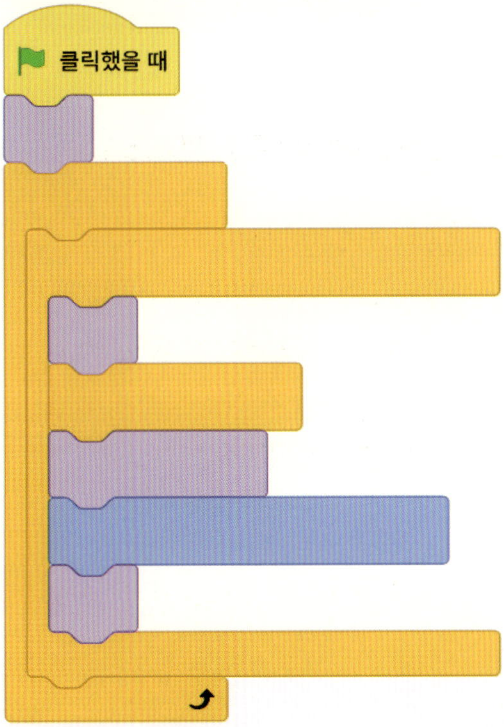

Chapter 07 로봇 청소기 만들기 • 49

# CHAPTER 08 창의 놀이

**학습 목표**

- 입체 퍼즐의 시각화를 통해 문제 해결 방법을 알아봅니다.

패턴 인식 및 문제 해결 능력

**입체 퍼즐 맞추기**

**01** 아래 보기의 입체 퍼즐에서 위쪽에서 바라 보았을 때 퍼즐 조각 그림으로 옳은 것을 찾아 동그라미를 그려보세요.

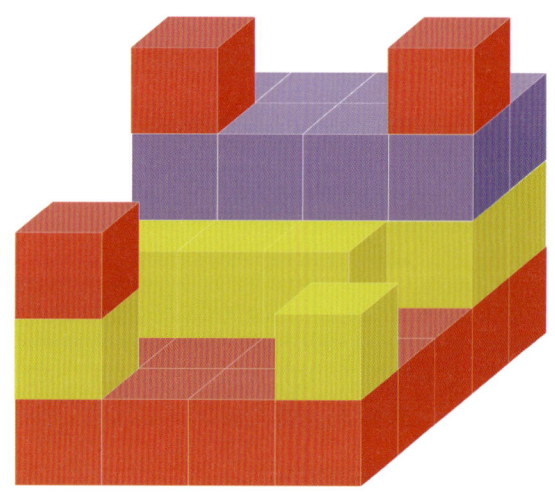

**02** 아래 보기의 입체 퍼즐에서 위쪽에서 바라 보았을 때 퍼즐 조각 그림으로 옳은 것을 찾아 동그라미를 그려보세요.

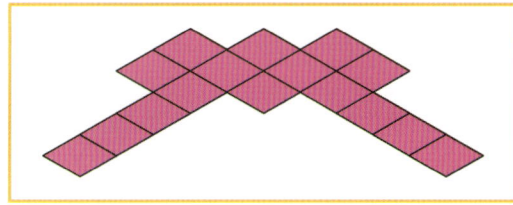

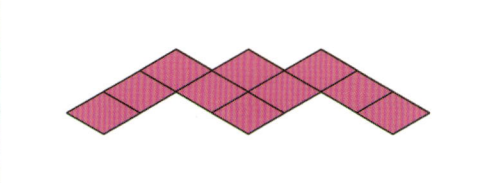

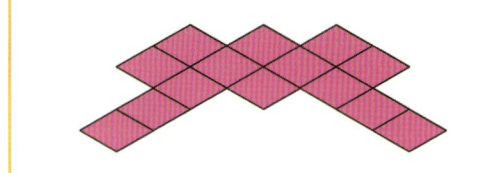

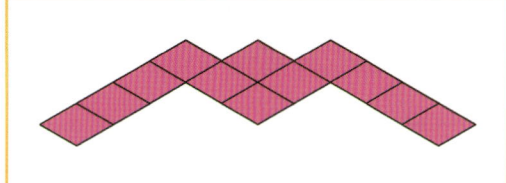

# Chapter 08 코딩 놀이

## 쥐를 잡자~ 쥐를 잡자~ 찍찍찍~!

### 학습목표
- 조건의 결과가 참이 되기 전까지 반복하기 블록의 사용 방법을 알아봅니다.
- 블록을 이용한 회전 방식의 변경 방법을 알아봅니다.

**배울 내용 미리보기**

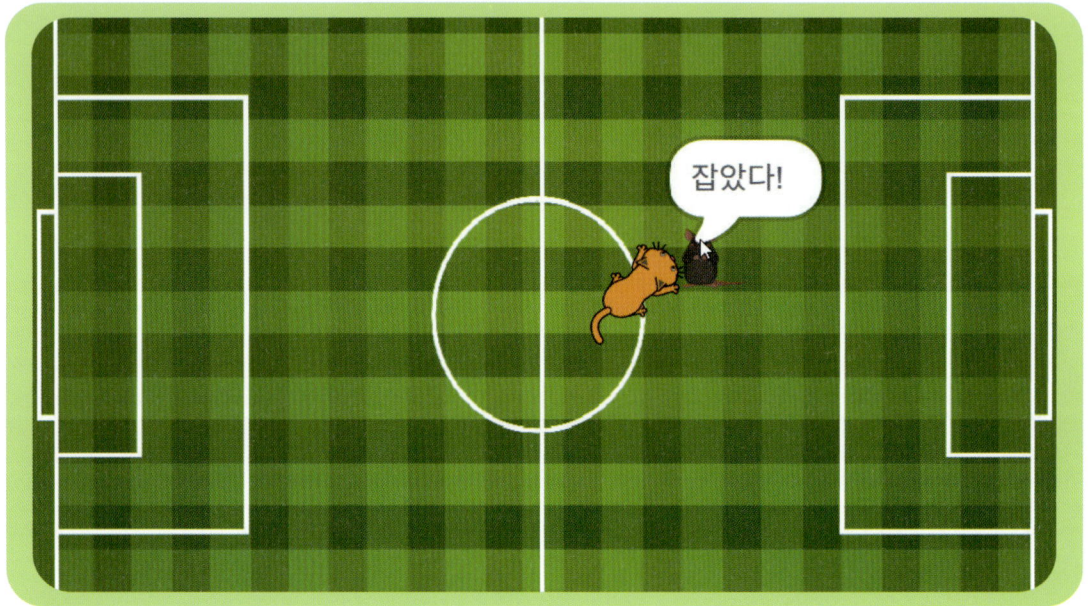

잡았다!

### 핵심놀이 : 조건의 결과가 참이 되기 전까지 반복과 조건의 결과가 참인 동안 반복하기

 : 쥐에 닿을 때까지 감싸고 있는 블록들을 무한 반복합니다.

※ 쥐에 닿으면 다음 블록을 실행합니다.

 : 회전 방식을 왼쪽-오른쪽 / 회전하지 않기 / 회전하기 중에서 선택하여 정합니다.

※ 스프라이트 정보의 [방향]을 클릭 후 선택해도 회전 방식( )을 정할 수 있습니다.
- 회전하기( ) : 스프라이트가 자유롭게 회전합니다.
- 왼쪽-오른쪽( ) : 스프라이트가 좌우(왼쪽-오른쪽)로 회전합니다.
- 회전하지 않기( ) : 스프라이트가 회전하지 않고 고정됩니다.

## 01 마우스를 따라 이동하는 쥐 만들기

❶ [잡기놀이] 파일을 오프라인에서 불러 온 후 [쥐] 스프라이트의 [모양] 탭에서 모양을 확인합니다.

❷ [쥐] 스프라이트의 [코드] 탭에서 [이벤트] 및 [제어], [감지], [동작], [형태] 팔레트를 이용하여 다음과 같이 블록을 연결합니다.

※ 시작하기를 클릭했을 때 무한 반복하여 다음 기능을 실행합니다.
– 마우스 포인터에 닿을 때까지 반복하여 다음 기능을 실행하기
‥ 회전 방식을 회전하기로 정하고 마우스 포인터 쪽을 보기
‥ 모양을 쥐1 모양으로 바꾼 후 10만큼 움직인 후 모양을 쥐2 모양으로 바꾸기

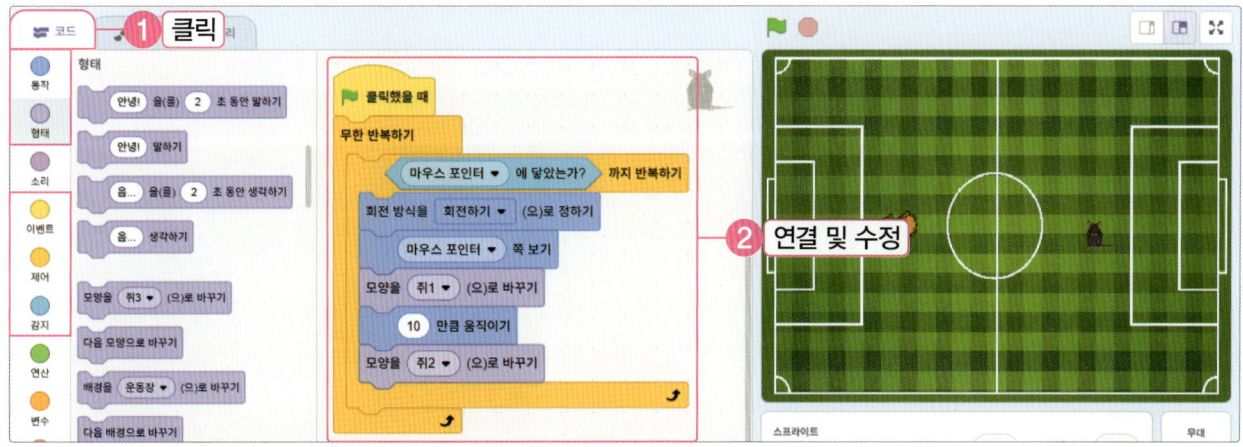

❸ `쥐▼ 에 닿았는가? 까지 반복하기` 블록 아래에 [동작] 및 [형태] 팔레트를 이용하여 블록을 추가 연결합니다.
– 회전 방식을 왼쪽-오른쪽으로 정한 후 모양을 쥐3 모양으로 바꾸기

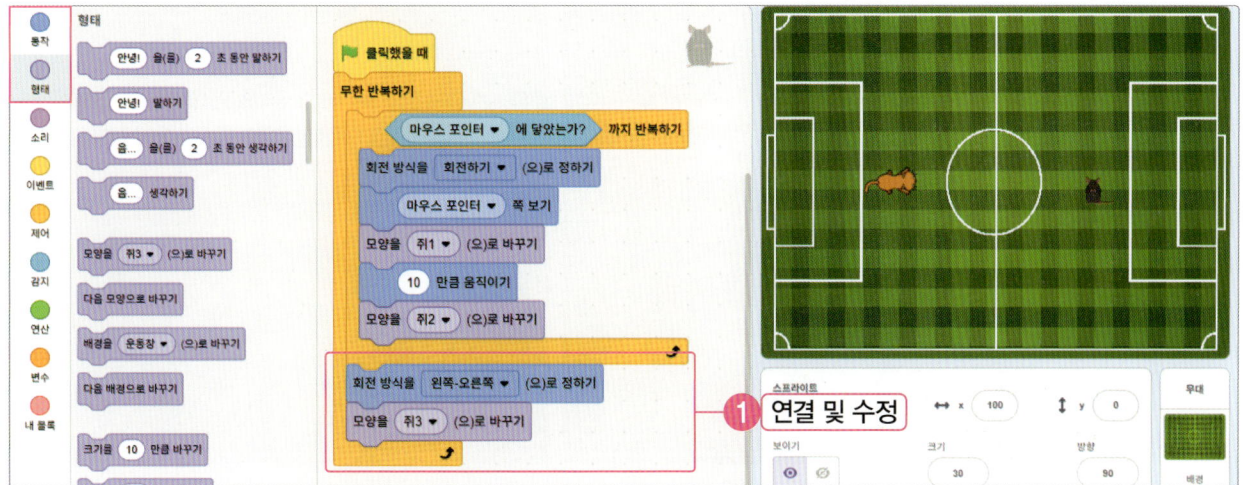

## 02 쥐를 쫓아 움직이는 고양이 만들기

❶ [고양이] 스프라이트의 [코드] 탭에서 [이벤트] 및 [제어], [감지], [동작], [형태], [연산] 팔레트를 이용하여 다음과 같이 블록을 연결합니다.

※ 시작하기 버튼을 클릭했을 때 무한 반복하여 다음 기능을 실행합니다.
　- 쥐에 닿을 때까지 반복하여 다음 기능을 실행합니다.
　　‥ 쥐 쪽을 보며, 1 부터 5 사이의 난수 만큼 움직이기
　- 잡았다!를 1초 동안 말하기

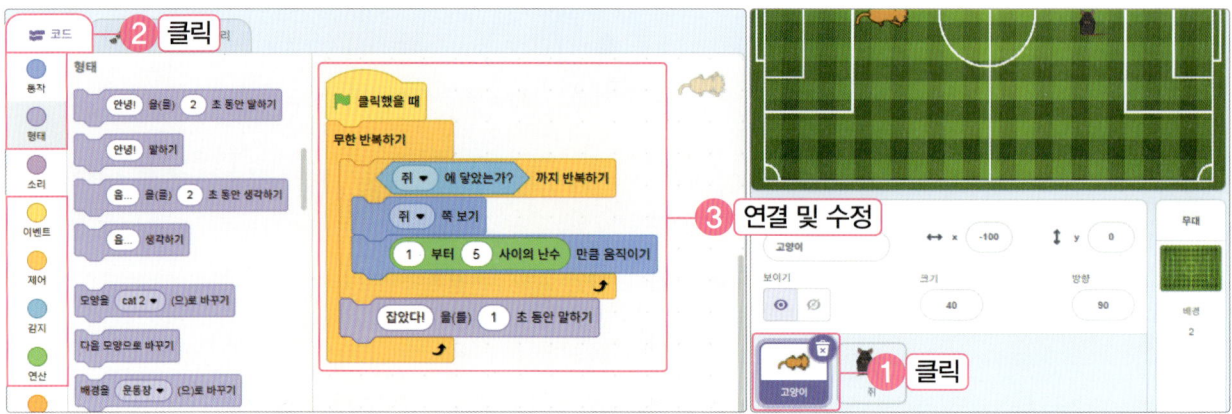

❷ [시작하기]를 클릭한 후 무대에서 마우스 포인터를 움직여 결과를 확인합니다.

※ 마우스 포인터를 향해 이동하는 쥐와 쥐를 쫓아가는 고양이로, 쥐를 잡았을 때 '잡았다!!'를 말합니다.

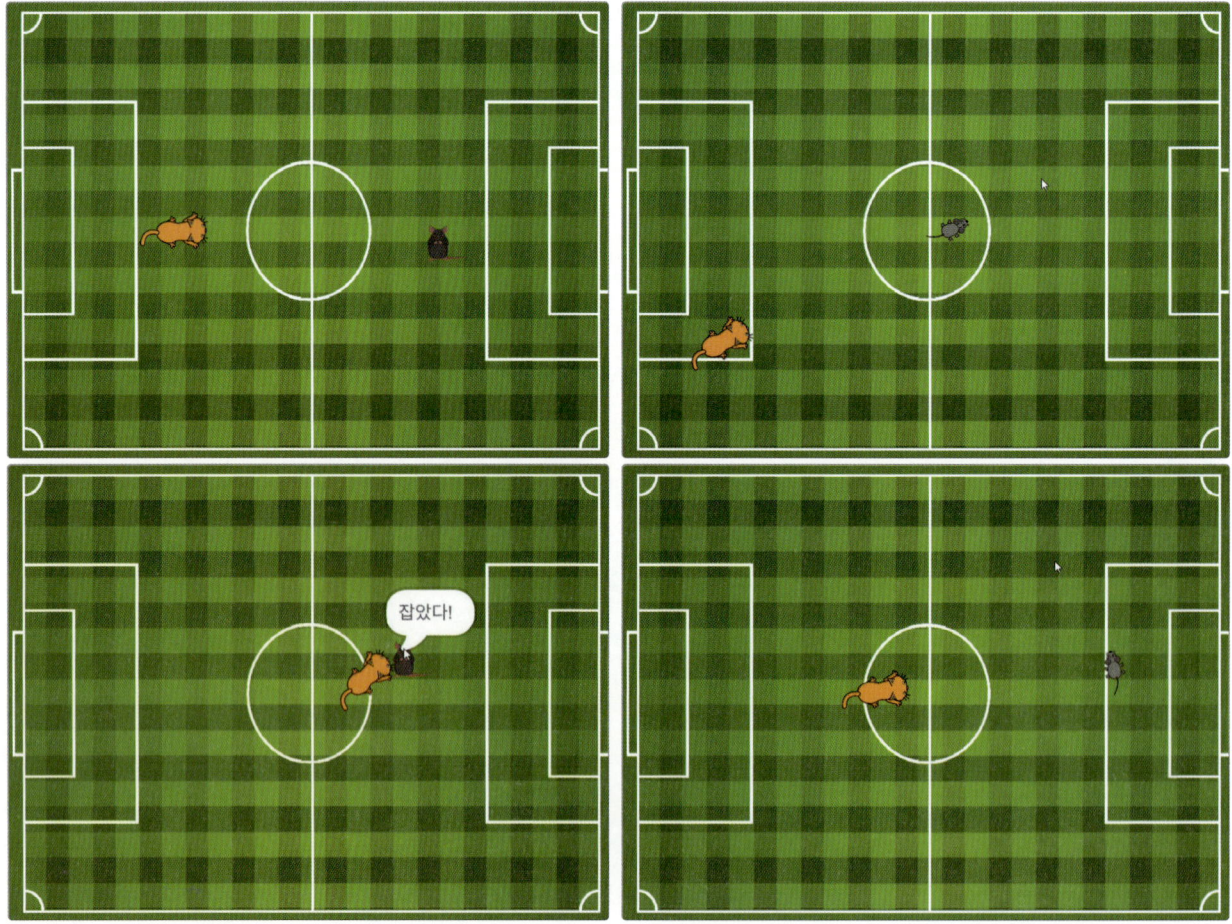

# CHAPTER 08 문제 해결 미션 수행하기

**미션 1** '산책' 파일을 열고 다음 조건에 따라 블록 코드를 완성한 후 실행해 보세요.

- 시작하기 버튼을 클릭했을 때 무한 반복하여 다음 기능을 실행합니다.
  - 강아지에 닿을 때까지 반복하여 다음 기능을 실행합니다.
    ·· 강아지쪽 보고 4 부터 8 사이의 난수 만큼 움직이기
    ·· 다음 모양으로 바꾸고 0.1초 기다리기
  - '잡았다!'를 1초 동안 말하기

- 시작하기 버튼을 클릭했을 때 무한 반복하여 다음 기능을 실행합니다.
  - 마우스 포인터에 닿을 때까지 반복하여 다음 기능을 실행합니다.
    ·· 회전 방식을 '회전하기'로 정하고 마우스 포인터 쪽 보기
    ·· 모양을 강아지1로 바꾸고 10만큼 움직인 후 모양을 강아지2로 바꾸기
  - 회전 방식을 '왼쪽-오른쪽'으로 정하고 모양을 강아지3으로 바꾸기

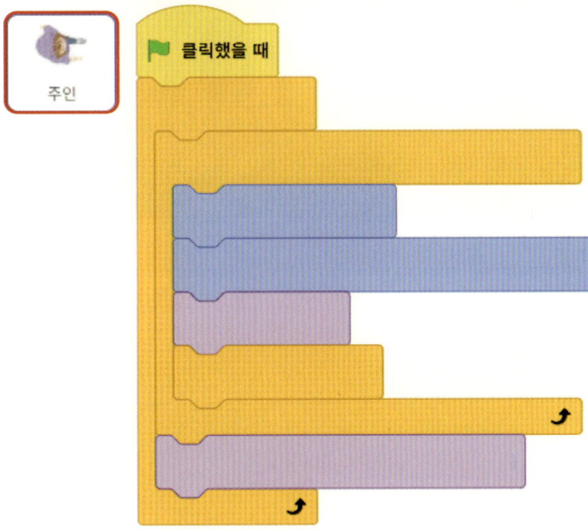

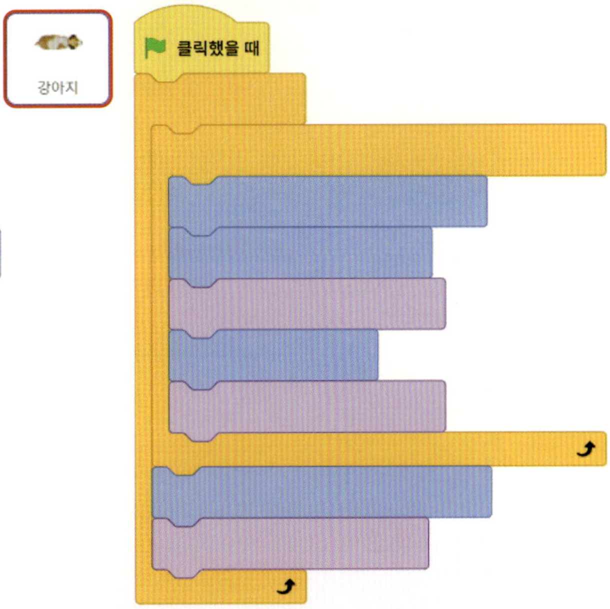

Chapter 08 쥐를 잡자~ 쥐를 잡자~ 찍찍찍~! • 55

# CHAPTER 09 창의 놀이

**학습 목표**

- 피규어 키트의 모양을 분석하고 결과물을 추론하는 방법을 알아봅니다.

분석 및 결과 추론

### 피규어 만들기 2

**01** 왼쪽 캐릭터를 조립하기 위해 오른쪽 모양 묶음에서 모자 및 얼굴, 상의와 하의, 그리고 신발을 찾아 동그라미를 그려보세요.

**02** 보기의 캐릭터 조립 키트를 이용하여 만들 수 없는 캐릭터는 무엇인지 찾아 동그라미를 그려보세요.

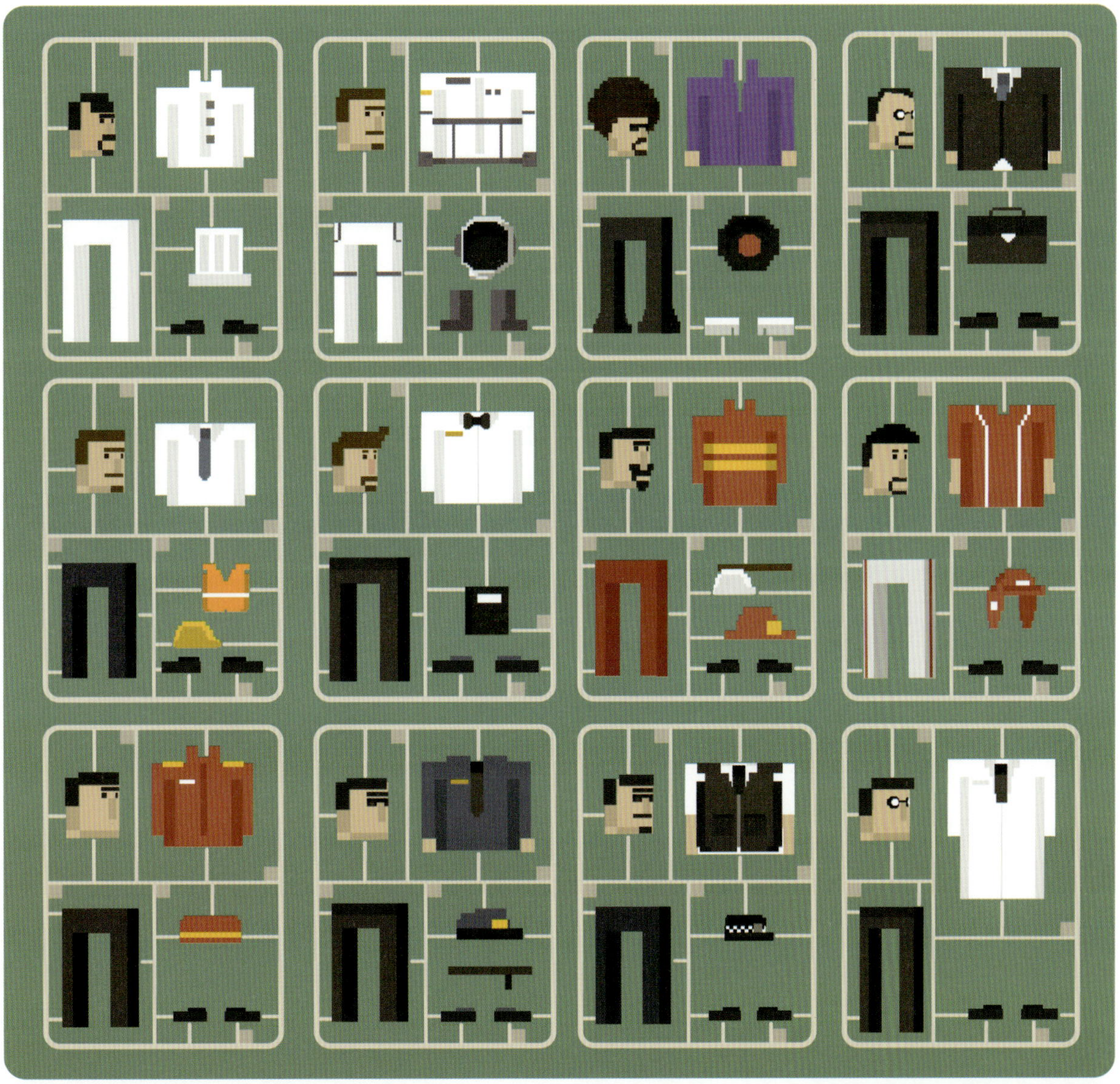

# Chapter 09 코딩 놀이

## 타이머를 이용한 미로 통과 시간 측정하기

### 학습목표

- 특정 색에 닿았을 때의 조건을 만드는 방법에 대해 알아봅니다.
- 타이머의 사용 방법을 알아봅니다.

**배울 내용 미리보기**

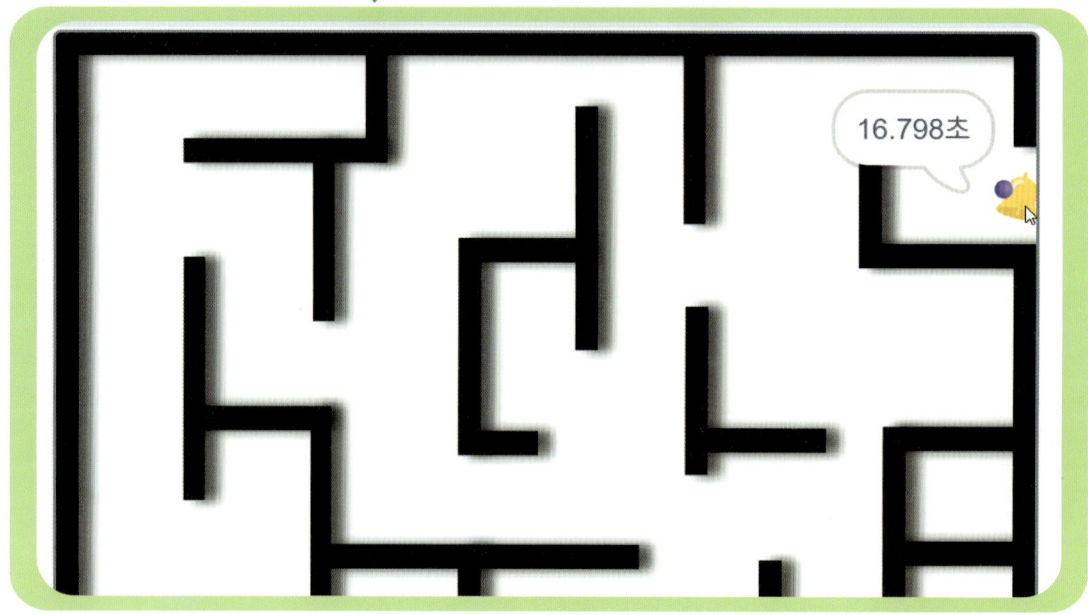

16.798초

### 핵심놀이  [감지] 팔레트의 색 및 타이머 관련 블록 알아보기

- **색에 닿았는가?** : 특정한 색에 닿았을 경우의 판단에 사용합니다. 색을 클릭 후 원하는 색을 지정하거나 색 변경()을 통해 무대의 색 중에서 선택할 수 있습니다.

- **색이 색에 닿았는가?** : 앞에 지정한 색이 뒤에 지정한 색에 닿았을 경우의 판단을 만듭니다.

- **타이머** : 타이머의 값을 인수로 사용합니다.

- **타이머 초기화** : 타이머의 값을 초기화합니다.

- **타이머 > 60** : '타이머 값이 60보다 크다면'의 조건 판단입니다.

- **타이머 와(과) 초 결합하기** : '00초' 등으로 시간을 알리는 인수로 사용합니다.

## 01 초시계의 시작 및 정지 만들기

❶ [미로통과] 파일을 오프라인에서 불러온 후 [배경]의 [배경] 탭에서 모양을 확인합니다.

❷ [배경]의 [코드] 탭에서 [이벤트] 및 [형태], [연산] 팔레트를 이용하여 다음과 같이 블록을 연결합니다.
※ 시작하기를 클릭했을 때 배경을 1 부터 4 사이의 난수로 바꿉니다.

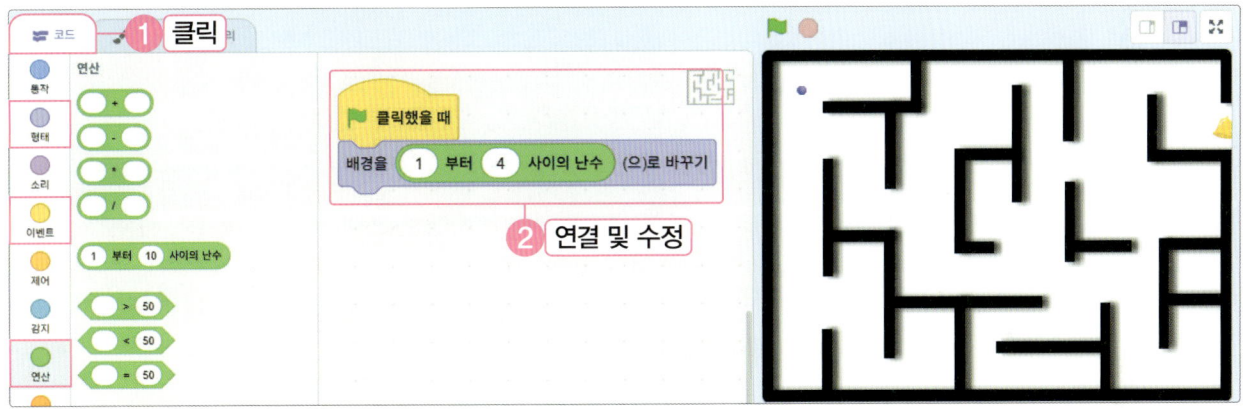

❸ [공] 스프라이트의 [코드] 탭에서 [이벤트] 및 [감지], [동작], [제어], [연산] 팔레트를 이용하여 다음과 같이 블록을 연결합니다.
※ 시작하기를 클릭했을 때 타이머를 초기화한 후 x위치 -200, y위치 140으로 이동한 다음 무한 반복하여 다음 기능을 실행합니다.
  - 마우스 포인터 쪽을 보며 1 부터 3 사이의 난수 만큼 움직이기

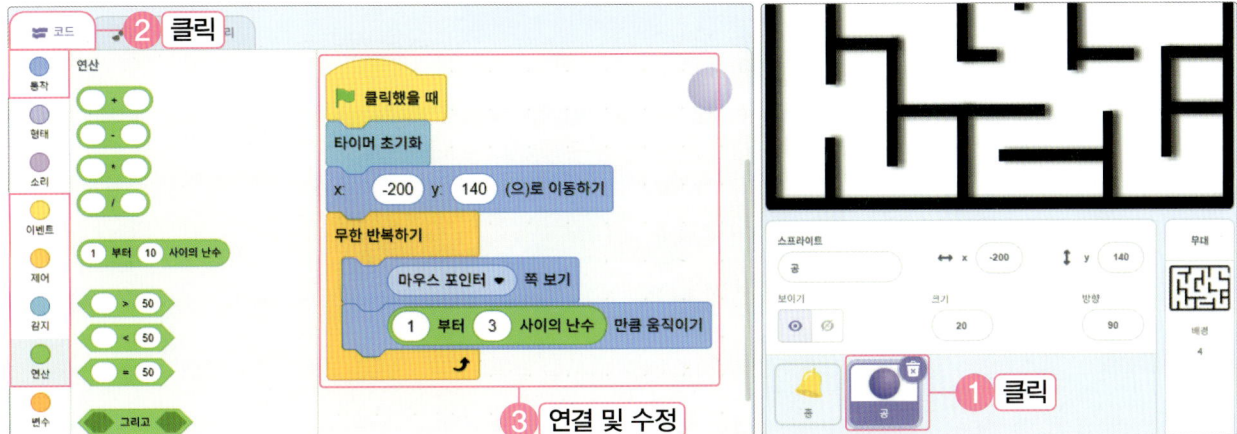

Chapter 09 타이머를 이용한 미로 통과 시간 측정하기 • 59

| 02 | **공의 이동과 벽에 닿았을 경우 처음 위치로 이동 코딩하기** |

❶ [공] 스프라이트의 [코드] 탭에서 [제어] 및 [감지], [동작] 팔레트를 이용하여 다음과 같이 연결합니다.
  색에 닿았는가? 블록의 색( )을 클릭 후 색 변경( )을 클릭한 다음 미로의 벽(검정색)을 클릭하여
  색에 닿았는가? 블록으로 변경합니다.

  ※ 만약 검정색에 닿았다면 x좌표를 -200, y좌표를 -140 위치(스프라이트의 처음 위치)로 이동합니다.

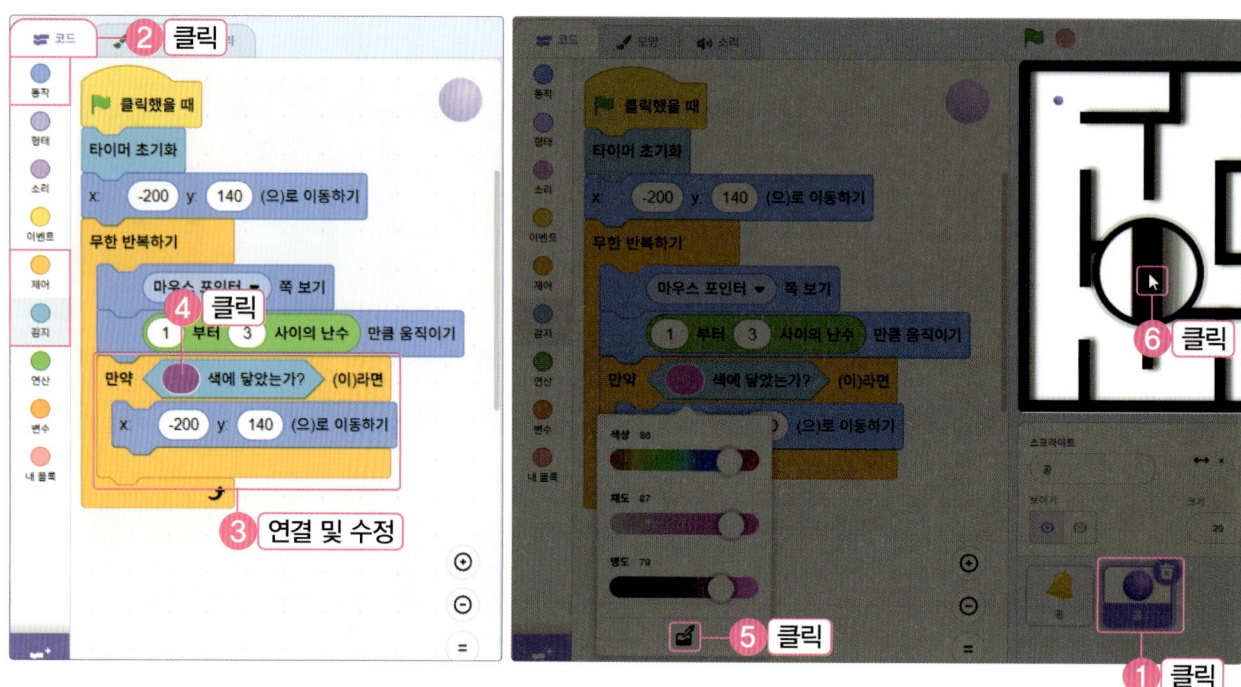

❷ [제어] 및 [감지], [형태], [연산] 팔레트를 이용하여 다음과 같이 블록을 추가 연결합니다.
  ※ 만약, 종에 닿았다면 타이머와 '초'를 결합하여 2초 동안 말하고 모두 멈춥니다.

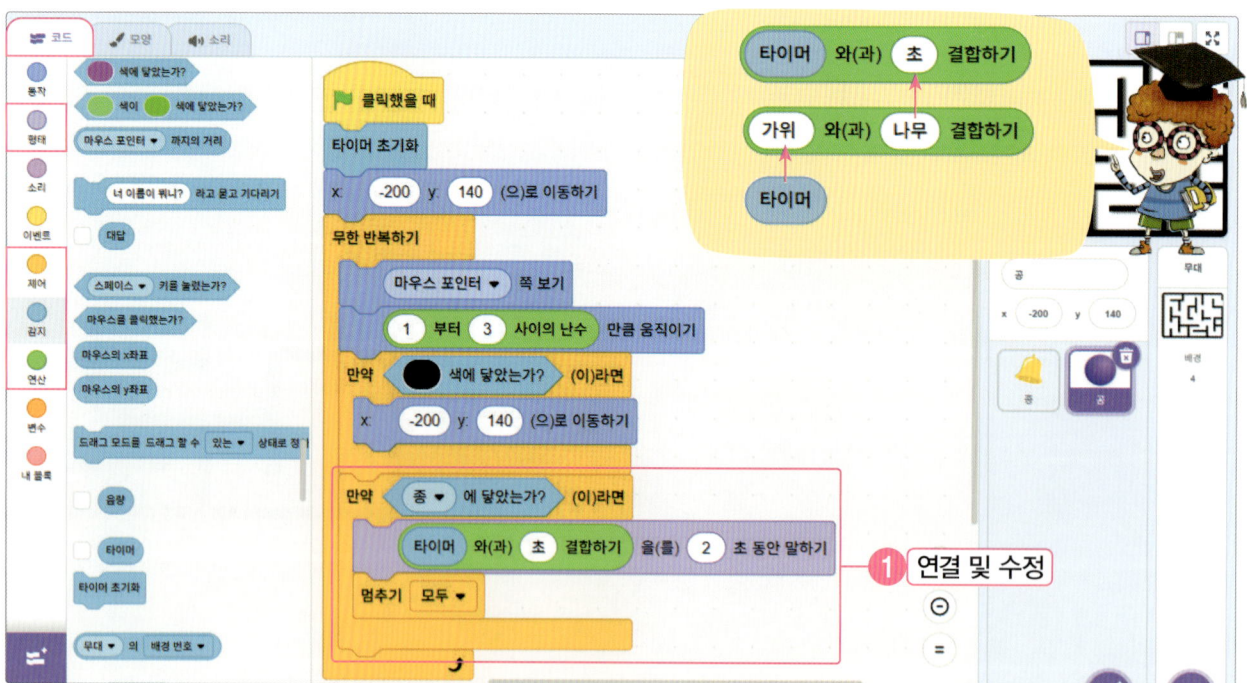

❸ [시작하기]를 클릭 후 마우스 포인터를 움직여 미로를 통과, '종'에 도착하는 시간을 측정해 봅니다.

# CHAPTER 09 문제 해결 미션 수행하기

**미션 1** '운전기록' 파일을 열고 배경과 바이크를 다음 조건에 따라 완성한 후 무대를 실행해 보세요.

- 시작하기 버튼을 클릭했을 때 배경을 1 부터 4 사이의 난수로 바꾸기

- 시작하기 버튼을 클릭했을 때 타이머를 초기화한 후 x위치 -210, y위치 0으로 이동한 다음 무한 반복하여 다음 기능을 실행합니다.
    - 마우스 포인터 쪽을 보며 1 부터 3 사이의 난수 만큼 움직이기
    - 만약, 미로의 벽 색에 닿았다면 x위치 -210, y위치 0으로 이동하기
    - 만약, 집에 닿았다면 타이머와 '초'를 결합하여 2초 동안 말하고 모두 멈추기

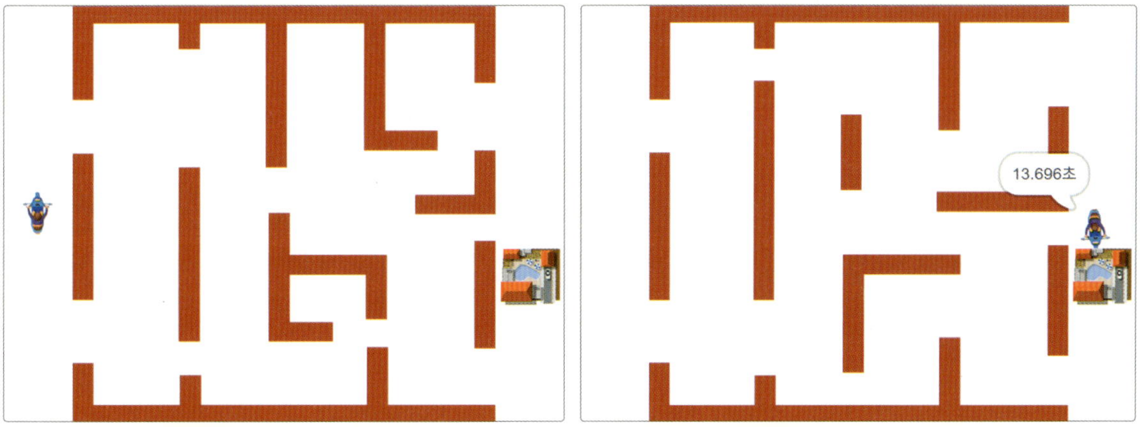

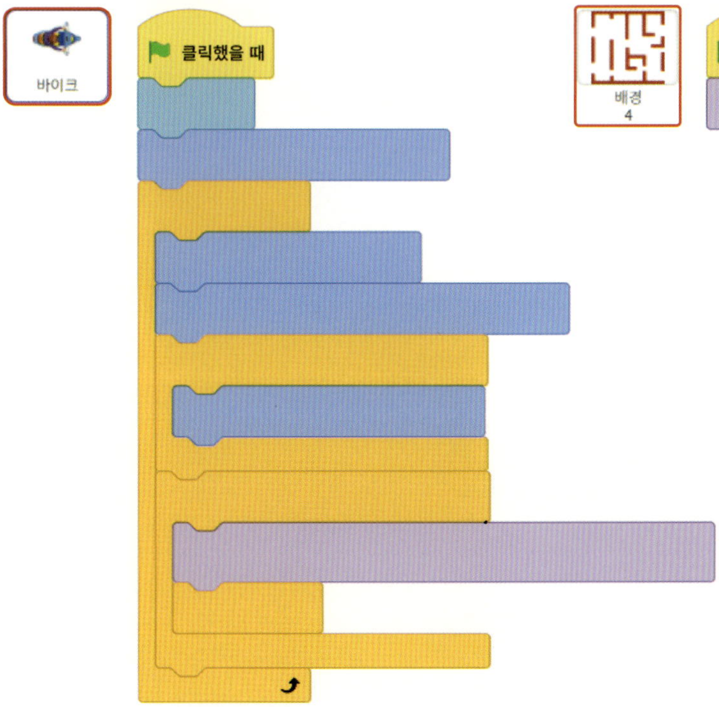

# CHAPTER 10 창의 놀이

**학습 목표**

● 종이접기 놀이를 통해 절차적 사고 능력을 배워봅니다.

절차적 사고 능력

### 종이접기 놀이

오늘은 종이접기 놀이를 하려고 합니다.
그런데 종이접기 번호 순서가 없어 만들기가 어렵나봐요.
우리 친구들이 번호 순서를 적어 다른 친구들이 종이접기를 쉽게 하도록 도와주세요.

**01** 토끼 모양의 종이접기 순서를 번호로 적어주세요.

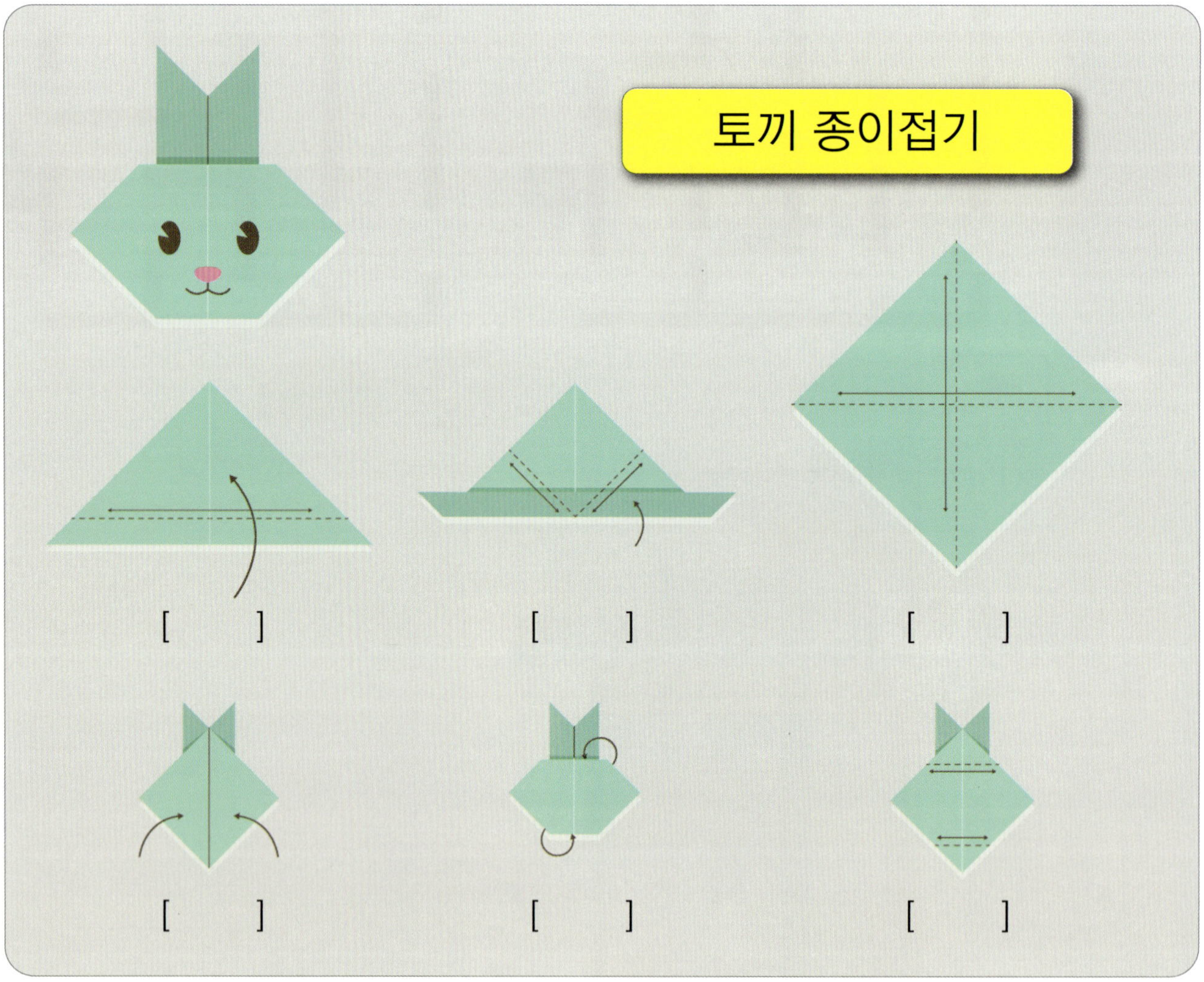

토끼 종이접기

[   ]       [   ]       [   ]

[   ]       [   ]       [   ]

**02** 강아지 모양의 종이접기 순서를 번호로 적어주세요.

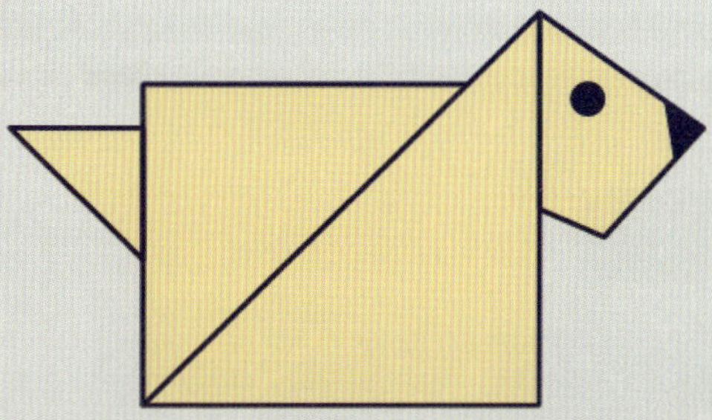

강아지 종이접기

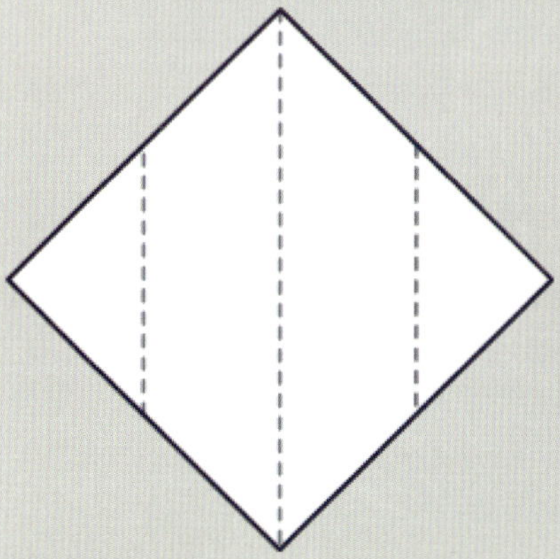

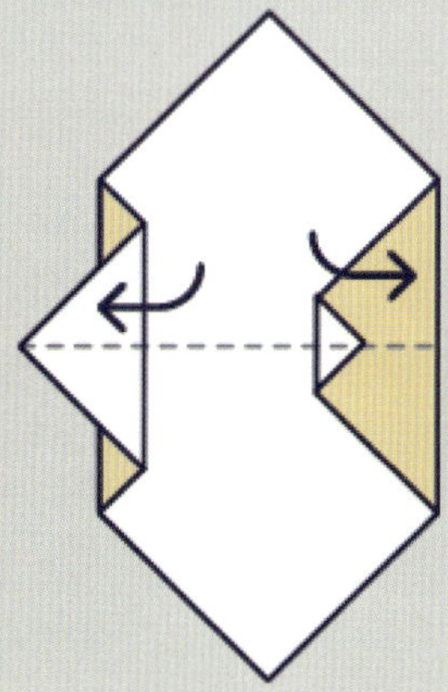

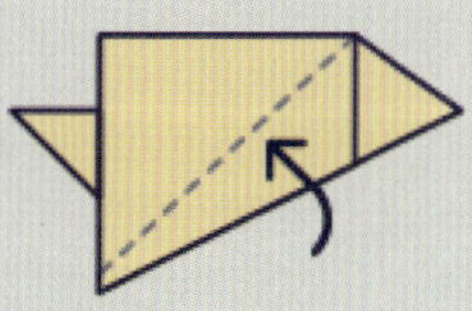

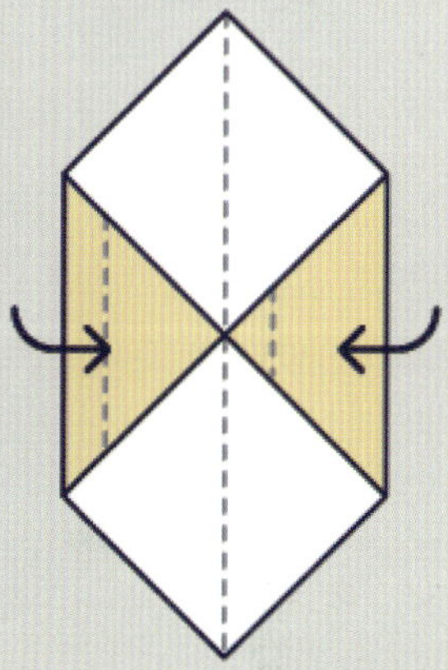

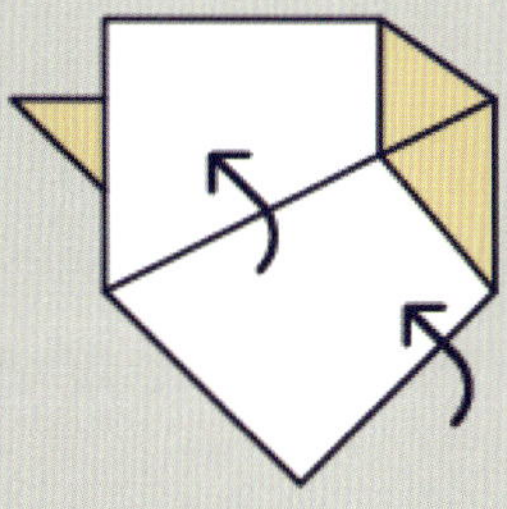

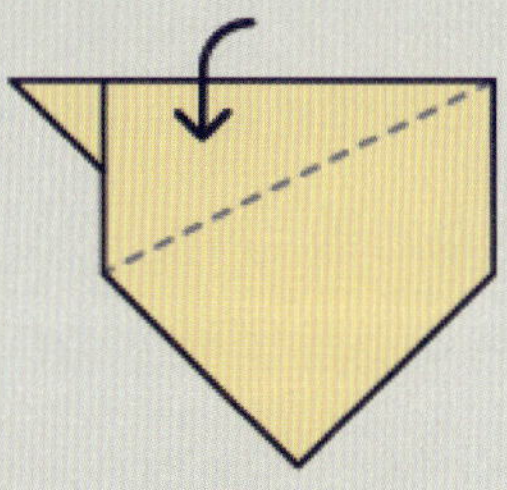

# Chapter 10 코딩 놀이 — 크기와 색을 바꾸는 자동차 만들기

### 학습목표
- 스프라이트의 크기 변경 방법을 알아봅니다.
- 스프라이트의 색 변경 방법을 알아봅니다.

배울 내용 미리보기

**핵심놀이** 스프라이트의 크기 및 색 등 효과 블록 알아보기

- `크기를 10 만큼 바꾸기` : 스프라이트의 크기를 입력한 값(더하기/빼기) 만큼 바꿉니다.
- `크기를 100 %로 정하기` : 스프라이트의 크기를 입력한 값으로 정합니다.
- `색깔▼ 효과를 25 만큼 바꾸기` : 색깔/밝기/투명도 등 다양한 효과를 입력한 값(더하기/빼기) 만큼 바꿉니다.
- `색깔▼ 효과를 0 (으)로 정하기` : 색깔/밝기/투명도 등 다양한 효과를 입력한 값(더하기/빼기) 만큼 정합니다.
- `그래픽 효과 지우기` : 스프라이트에 적용된 효과를 모두 지웁니다.

바꾸기는 스프라이트의 정보에 기록된 기본 정보의 값에서 입력한 값만큼 바꾸며, 정하기는 기본 정보의 입력값과 상관 없이 입력값을 지정합니다.

## 01 레이싱카의 움직임 및 아이템에 닿았을 때의 코드 만들기

❶ [레이싱] 파일을 불러온 후 [레이싱카] 스프라이트의 [코드] 탭에서 만들어진 코드를 확인합니다.
  ※ 시작하기를 클릭했을 때 무한 반복하여 다음 기능을 실행합니다.
   – 마우스 포인터쪽을 보며 2만큼 움직이기
   – 만약, 흰색 트랙에 닿으면 –2만큼 움직이기

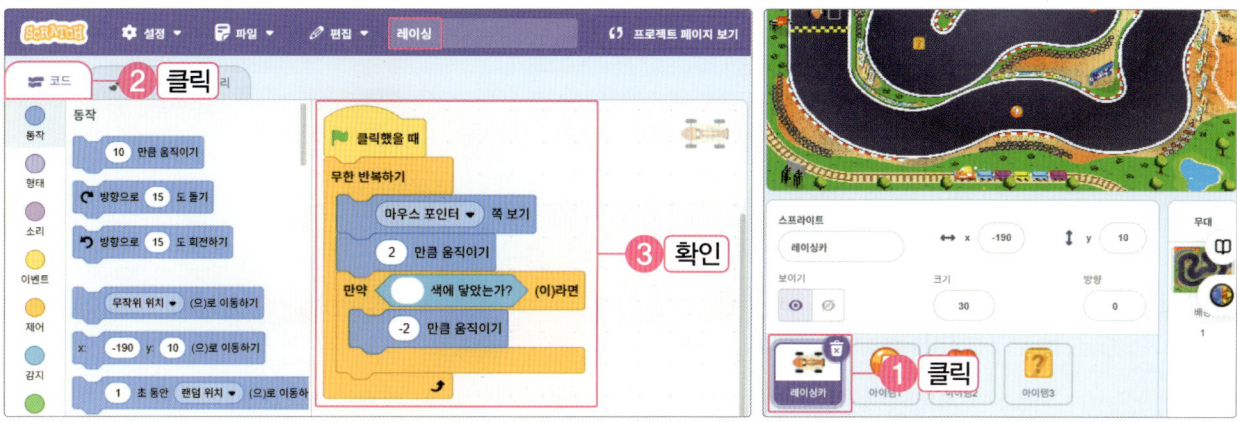

❷ [제어] 및 [감지], [형태] 팔레트를 이용하여 다음과 같이 블록을 추가 연결합니다.
  ※ 만약, 아이템1에 닿았다면 색깔 효과를 50으로 정합니다.

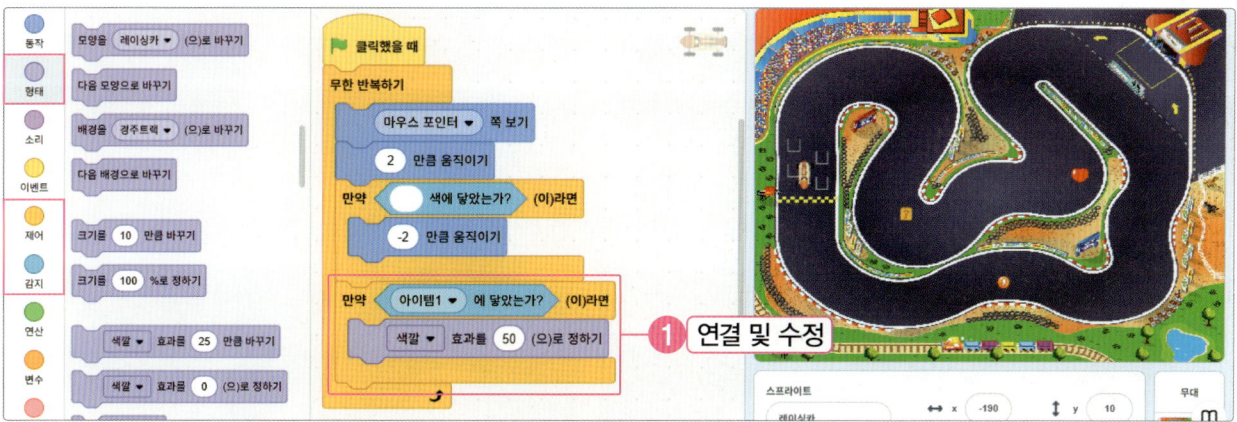

❸ 같은 방법으로 [제어] 및 [감지], [형태] 팔레트를 이용하여 다음과 같이 블록을 추가 연결합니다.
  ※ 만약, 아이템2에 닿았다면 크기를 15%로 정합니다.
    만약, 아이템3에 닿았다면 그래픽 효과를 지우고 크기를 30%로 정합니다.

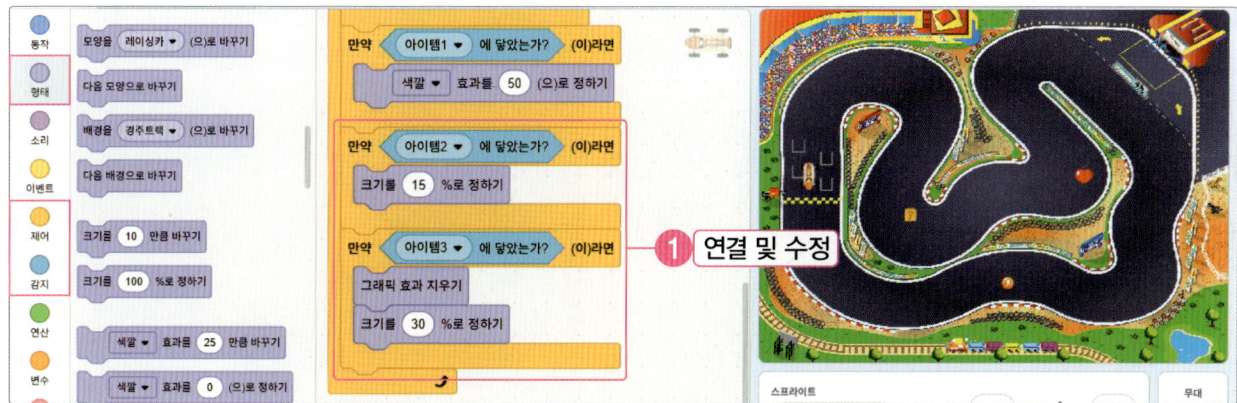

## 02 아이템의 움직임 만들기

❶ [아이템1] 스프라이트의 [코드] 탭에서 [이벤트] 및 [제어], [동작] 팔레트를 이용하여 다음과 같이 블록을 연결합니다.

※ 시작하기를 클릭했을 때 무한 반복하여 다음 기능을 실행합니다.
- 1초 동안 x위치 15, y위치 -70으로 이동하기
- 1초 동안 x위치 15, y위치 -110으로 이동하기

❷ [아이템2]와 [아이템3]의 [코드] 탭에서 만들어져 있는 코드를 확인합니다.

※ 시작하기를 클릭했을 때 아이템2와 아이템3이 특정 구역에서 움직이도록 만든 블록 코드입니다.

❸ [시작하기]를 클릭 후 마우스 포인터를 따라 움직이는 레이싱카의 아이템 적용을 확인합니다.

# CHAPTER 10 문제 해결 미션 수행하기

**미션1** '레이싱' 파일을 열고 다음 조건에 따라 무대를 완성한 후 실행해 보세요.

레이싱카

- 기존 블록 코드에 아래의 기능을 무한 반복하기 블록 안에 추가합니다.
  - 만약, 아이템1에 닿았다면 모양을 트랙터 모양으로 바꾸기
  - 만약, 아이템2에 닿았다면 모양을 레이싱카로 바꾸고 투명도 효과를 80으로 정하기
  - 만약, 아이템3에 닿았다면 그래픽 효과 지우기

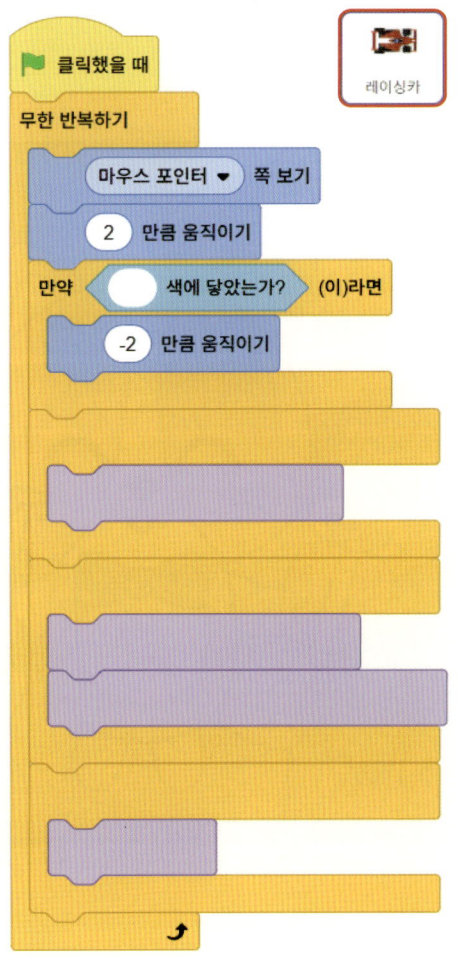

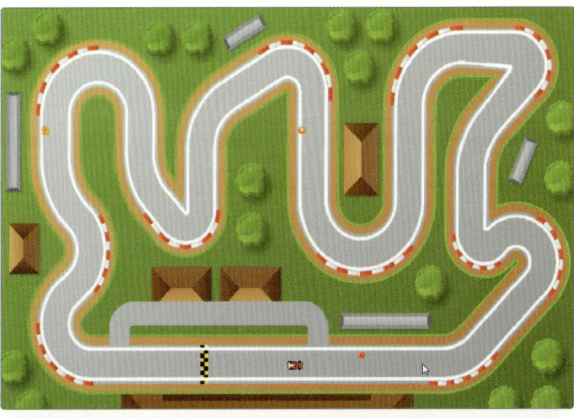

# CHAPTER 11 창의 놀이

**학습 목표**

- 사물의 변화를 관찰하고 유사점과 차이점을 파악해 봅니다.

**관찰 및 비교 분석**

**틀린 그림 찾기**

두 개의 그림 사이에 서로 다른 차이점을 찾아보려고 해요.

**01** 틀린 부분이 7개 있다고 하는데 우리 친구들은 찾을 수 있을까요?
틀린 부분에 동그라미를 그려보세요.

**02** 고양이 가족이 편안하게 쉬고 있어요.
그런데 두 개의 그림에는 서로 다른 부분이 8개가 있어요.
어느 부분이 다를까요? 틀린 부분에 동그라미를 그려보세요.

**03** 여우 친구가 비행기를 타고 하늘을 날아가네요.
이번에는 서로 다른 부분이 10개나 된다고 해요. 함께 찾아볼까요? ^^

# Chapter 11 코딩 놀이

## 정글 탐험! 점프하는 원숭이 만들기

### 학습목표

- 왼쪽/오른쪽 방향 키를 이용한 이동 방법을 알아봅니다.
- 좌표를 이용하여 점프 동작을 만들어봅니다.

### 배울 내용 미리보기

**핵심놀이** 스프라이트의 좌우 방향 보기 및 점프 동작 만들기

- 스프라이트를 좌우로만 방향 이동할 경우  블록의 값을 90과 -90으로 지정하며, 스프라이트 정보의 방향을 [왼쪽/오른쪽( ◀▶ )]으로 지정해야 합니다.

 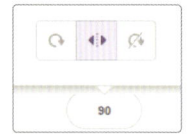  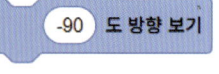

- 스프라이트의 점프 동작은 번 반복하기 블록의 같은 반복값으로 y좌표를 ○ 만큼 바꾸기 블록의 같은 값을 증가했다가 다시 감소하면 점프 동작을 만들 수 있습니다.

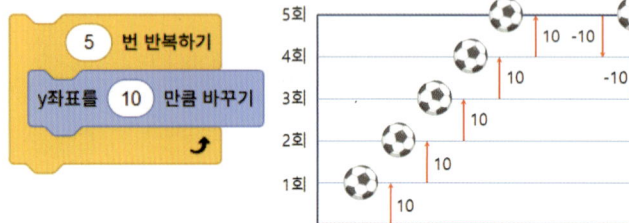 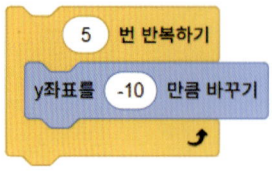

## 01 방향키에 따라 이동하는 원숭이 만들기

❶ [정글] 파일을 불러온 후 [원숭이] 스프라이트의 [모양] 탭에서 모양을 확인합니다.

❷ [원숭이] 스프라이트의 [회전(90)]-[좌우 회전( )]을 선택한 다음 [코드] 탭의 [이벤트] 및 [제어], [감지], [동작], [형태] 팔레트를 이용하여 다음과 같이 블록을 연결합니다.

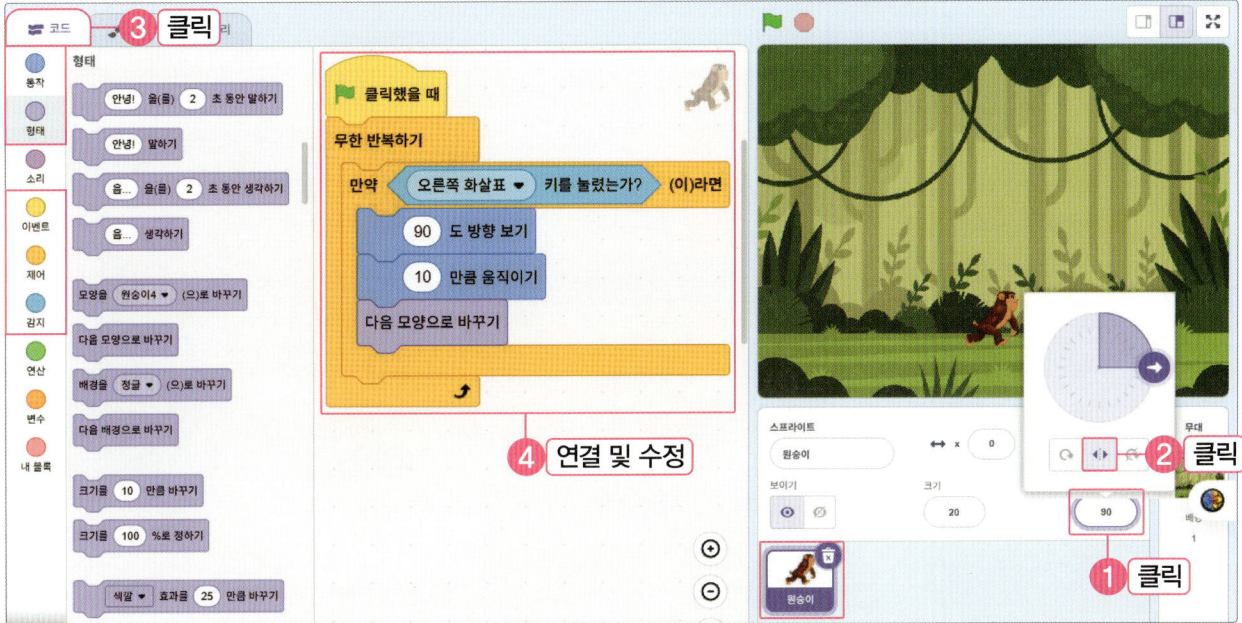

❸ [코드] 탭의 [이벤트] 및 [제어], [감지], [동작], [형태] 팔레트를 이용하여 다음과 같이 블록을 연결합니다.
※ 시작하기를 클릭했을 때 무한 반복하여 다음 기능을 실행합니다.
　　– 만약, 오른쪽 화살표 키를 눌렀다면 90도 방향을 보고 10만큼 이동한 후 다음 모양으로 바꾸기
　　– 만약, 왼쪽 화살표 키를 눌렀다면 –90도 방향을 보고 10만큼 이동한 후 다음 모양으로 바꾸기

## 02 특정 키를 눌러 점프 동작 만들기

❶ [원숭이] 스프라이트의 [코드] 탭에서 [이벤트] 및 [제어], [감지], [동작] 팔레트를 이용하여 다음과 같이 블록을 추가 연결, 점프 동작을 만듭니다.

※ 시작하기 버튼을 클릭했을 때 무한 반복하여 다음 기능을 실행합니다.
- 만약 스페이스 키를 눌렀다면 다음 기능을 실행합니다.
  ·· 10번 반복하여 y 좌표를 10만큼 바꾸기
  ·· 10번 반복하여 y 좌표를 −10만큼 바꾸기

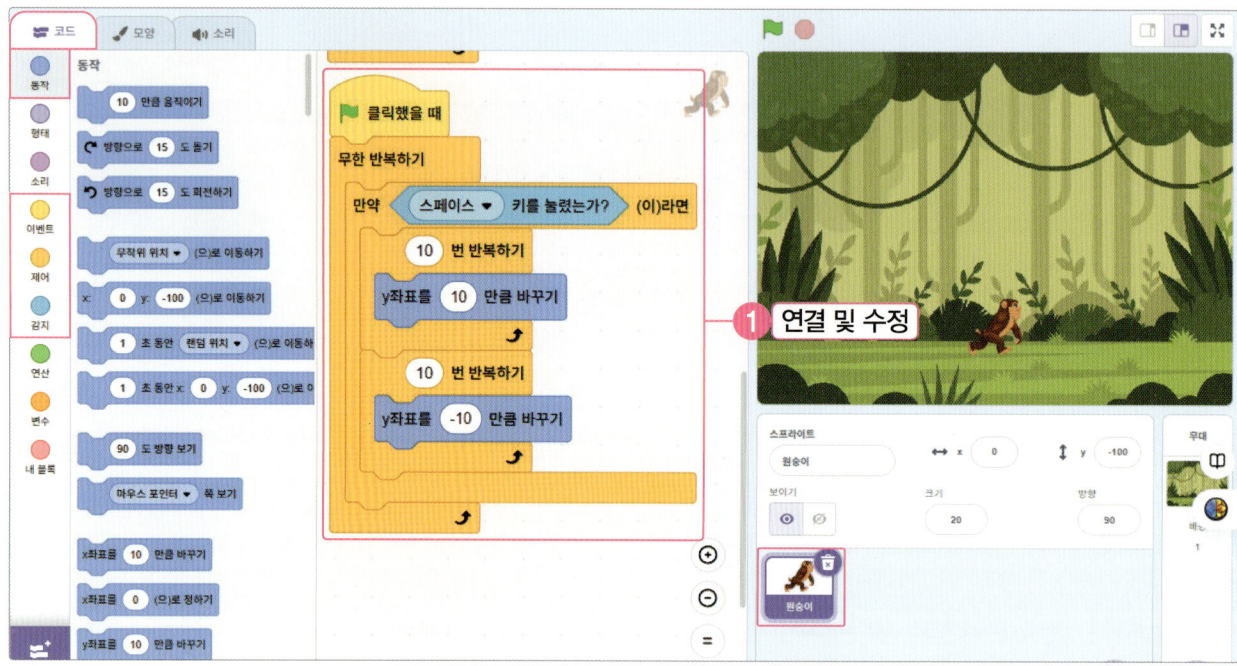

❷ [시작하기]를 클릭 후 키보드의 방향키(←/→)와 SpaceBar를 눌러 이동 및 점프 동작을 확인합니다.

# CHAPTER 11 문제 해결 미션 수행하기

**미션 1** '넘기놀이' 파일을 열고 다음 조건에 따라 무대를 완성한 후 실행해 보세요.

- 시작하기 버튼을 클릭했을 때 x위치를 –100, y위치를 –110으로 이동한 후 무한 반복하여 다음 기능을 실행합니다.
  - 만약, 오른쪽 화살표 키를 눌렀다면 90도 방향을 보며 10 만큼 움직인 후 다음 모양으로 바꾸기
  - 만약 왼쪽 화살표 키를 눌렀다면 –90도 방향을 보며 –10 만큼 움직인 후 다음 모양으로 바꾸기
- 시작하기 버튼을 클릭했을 때 무한 반복하여 다음 기능을 실행합니다.
  - 만약, 스페이스 키를 눌렀다면 다음 기능을 실행합니다.
    ··7번 반복하여 y좌표를 8 만큼 바꾸기
    ··7번 반복하여 y좌표를 –8 만큼 바꾸기
  - 만약, 작은로봇에 닿았다면 모두 멈추기

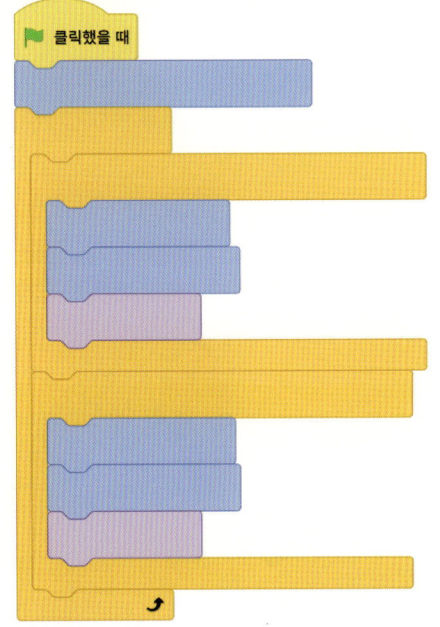
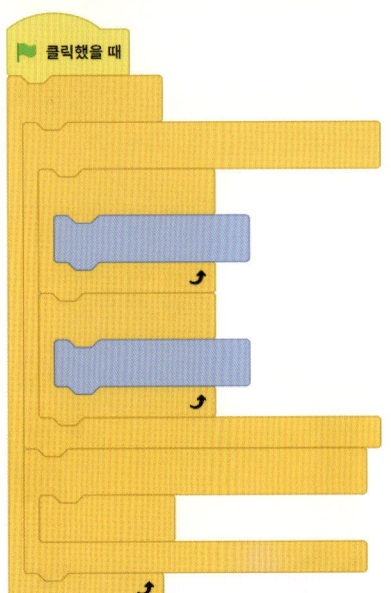

# CHAPTER 12 창의 놀이

**학습 목표**

- 스포츠 운동 종목을 이용하여 논리적 해결 방법을 알아봅니다.

**논리적 문제 해결 능력**

**연관된 올림픽 종목 찾기**

**01** 세계인의 스포츠인 올림픽은 계절에 따라 이름이 다릅니다. 위쪽 보기의 올림픽을 무엇이라고 할까요?

**02** 위쪽 보기의 계절 올림픽과 관련이 없는 종목은 무엇인지 찾아 동그라미를 그려보세요.

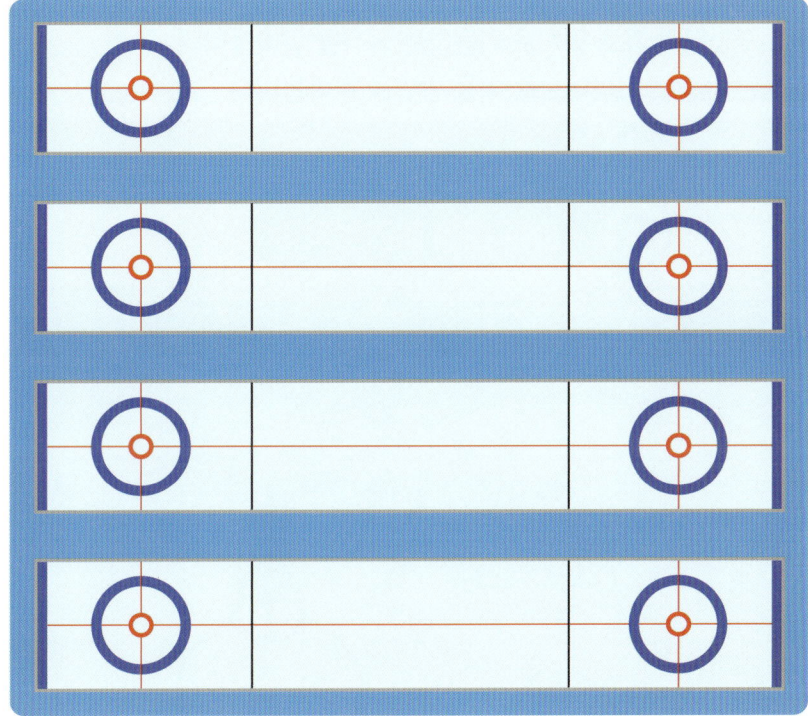

**03** 위쪽 보기의 경기장은 여러 사람이 팀을 이루어 8개의 스톤으로 하우스의 버튼에서 가장 가까운 스톤을 놓은 팀이 점수를 얻는 경기입니다. 경기 종목의 이름은 무엇일까요?

**04** 위쪽 보기의 경기에서 사용하는 도구를 찾아 동그라미를 그려보세요.

# Chapter 12 코딩 놀이

## 집게를 이용한 인형 뽑기 놀이하기

### 학습목표

- 특정 스프라이트가 마우스 포인터의 가로 위치로 이동하는 동작을 알아봅니다.
- 특정 스프라이트에 닿은 동안 해당 스프라이트로 이동 방법을 알아봅니다.

배울 내용 미리보기

### 핵심놀이  인형 뽑기의 원리 알아보기

- 인형뽑기에서 집게의 마우스 포인터 가로 위치로만 움직이는 방법과 인형의 집게에 닿은 경우 집게 위치로 이동하는 기능은 아래와 같습니다.

▲ 집게가 마우스 포인터의 x좌표를 따라 이동

▲ 인형이 집게에 닿았을 경우 집게 위치로 이동

## 01 집게가 마우스 포인터의 가로 위치로 이동하며, 내리기 동작 만들기

❶ [인형뽑기] 파일을 불러온 후 [집게] 및 [인형] 스프라인트의 [모양] 탭에서 모양을 확인합니다.

[집게] 스프라트의 중심점은 인형을 집어 이동할 때 중심점을 기준으로 따라 이동하기 때문에 중심점의 위치를 집게 아래쪽으로 변경하였습니다.

❷ [집게] 스프라이트의 [코드] 탭에서 [이벤트] 및 [제어], [형태], [동작], [감지] 팔레트를 이용하여 다음과 같이 블록을 연결합니다.
　※ 시작하기 버튼을 클릭했을 때 무한 반복하여 다음 기능을 실행합니다.
　　- 모양을 집게열기 모양으로 바꾸고 x좌표를 마우스의 x좌표로 정하기

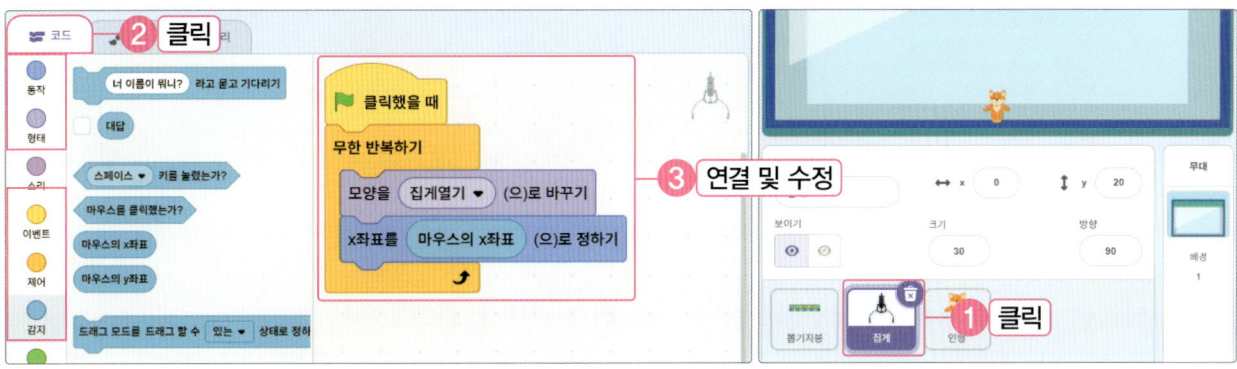

❸ [이벤트] 및 [제어], [감지], [동작], [형태] 팔레트를 이용하여 다음과 같이 블록을 추가 연결합니다.
　※ 시작하기 버튼을 클릭했을 때 무한 반복하여 다음 기능을 실행합니다.
　　- 만약, 스페이스 키를 눌렀다면 다음 기능을 실행합니다.
　　　‥ 이 스프라이트에 있는 다른 스크립트를 멈추고 30번 반복하여 y좌표를 -5만큼 바꾸기
　　　‥ 모양을 집게닫기 모양으로 바꾸고 30번 반복하여 y좌표를 5만큼 바꾸기

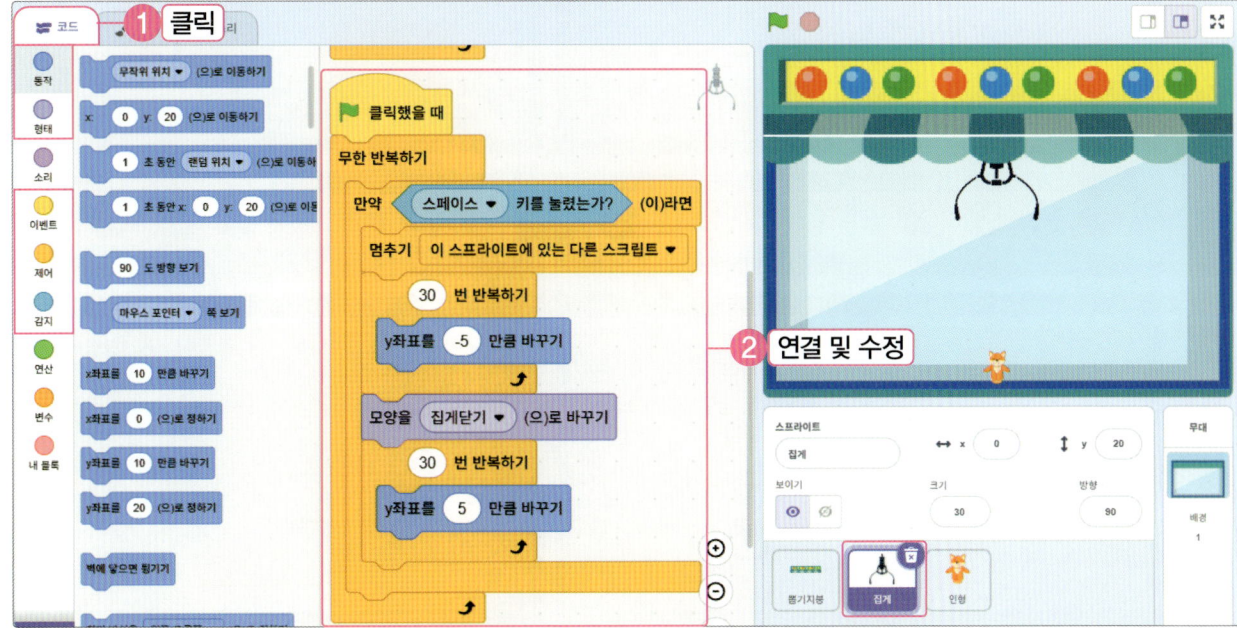

## 02 인형의 집게에 닿을 경우 집게 위치로 이동하기

❶ [인형] 스프라이트의 [코드] 탭에서 [이벤트] 및 [형태], [연산], [동작], [제어], [감지] 팔레트를 이용하여 다음과 같이 블록을 연결합니다.

※ 시작하기 버튼을 클릭했을 때 모양을 1 부터 13 사이의 난수 모양으로 바꾸고 x위치를 -200 부터 200 사이의 난수 위치로, y위치를 -150 위치로 이동한 다음 무한 반복하여 다음 기능을 실행합니다.
- 만약, 집게에 닿았다면 집게 위치로 이동하기

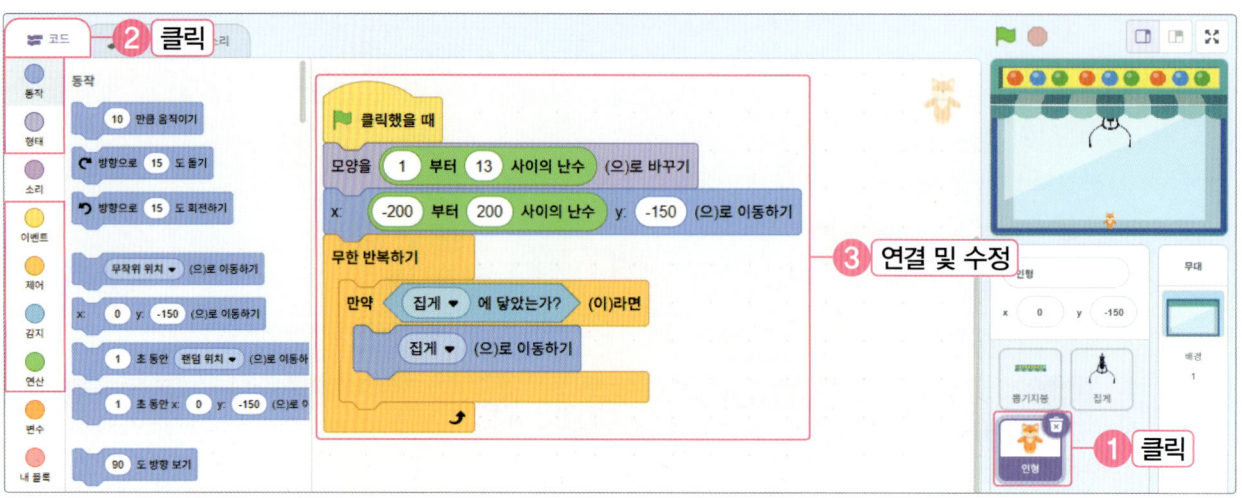

❷ [시작하기]를 클릭 후 집게를 이용하여 인형 뽑기 놀이를 실행합니다.

# CHAPTER 12 문제 해결 미션 수행하기

**미션 1** '게임' 파일을 열고 다음 조건에 따라 무대를 완성한 후 실행해 보세요.

- 시작하기 버튼을 클릭했을 때 무한 반복하여 다음 기능을 실행합니다.
  – y좌표를 마우스의 y좌표로 정하기
  – 만약, 스페이스 키를 눌렀다면 이 스크립트를 멈추기

- 시작하기 버튼을 클릭했을 때 x위치 –220, y위치를 –130 부터 130 사이의 난수로 이동한 후 무한 반복하여 다음 기능을 실행합니다.
  – 만약, 전파에 닿았다면 전파 위치로 이동하기

- 시작하기 버튼을 클릭했을 때 우주선 위치로 이동하며, 스페이스 키를 누르면 왼쪽 벽까지 이동 후 다시 돌아오도록 미리 코딩되어 있습니다.

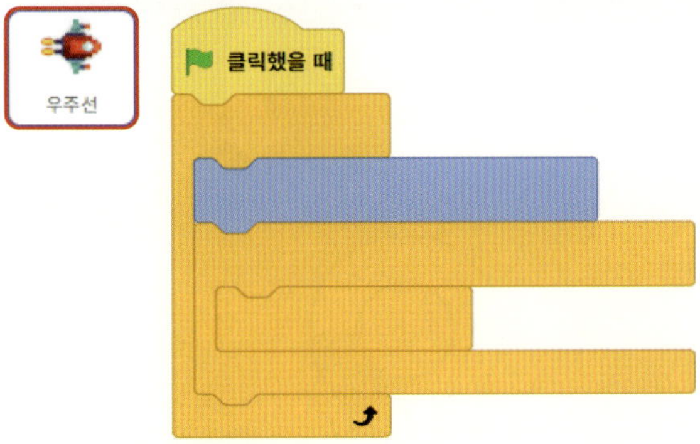

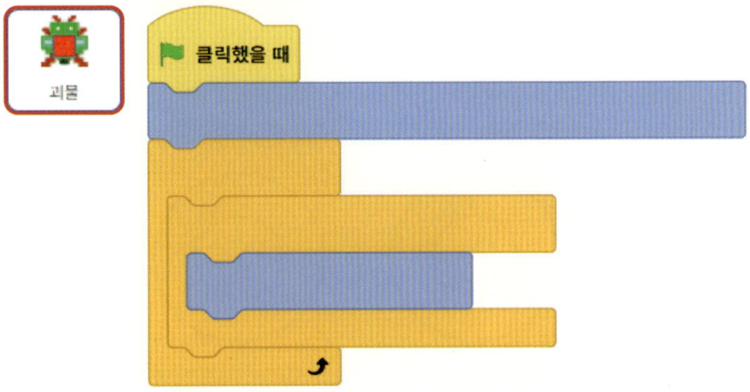

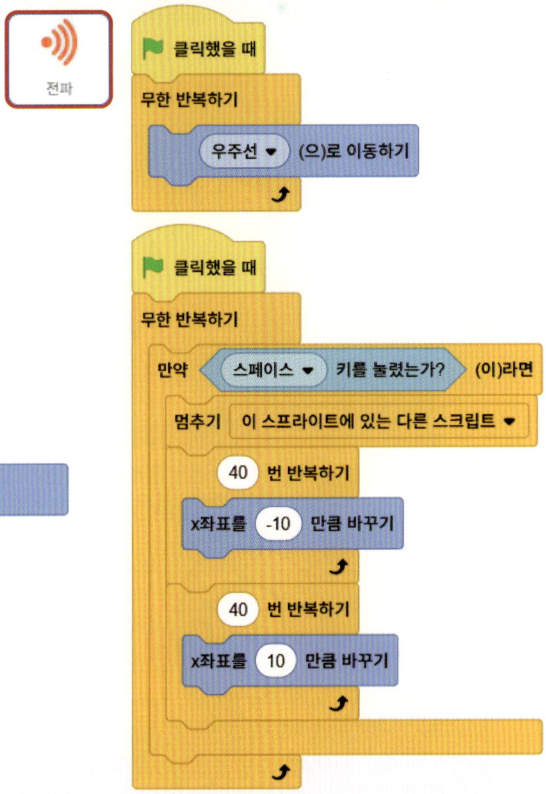

Chapter 12 집게를 이용한 인형 뽑기 놀이하기

# CHAPTER 13 창의 놀이

**학습 목표**

- 도형의 규칙과 패턴을 찾고 분석하는 방법을 알아봅니다.

**규칙 및 패턴 분석**

### 도형 규칙 찾기

**01** 아래 보기에는 규칙을 갖는 도형들이 나열되어 있습니다.
물음표 안에 들어갈 도형으로 알맞은 것은 무엇일까요?

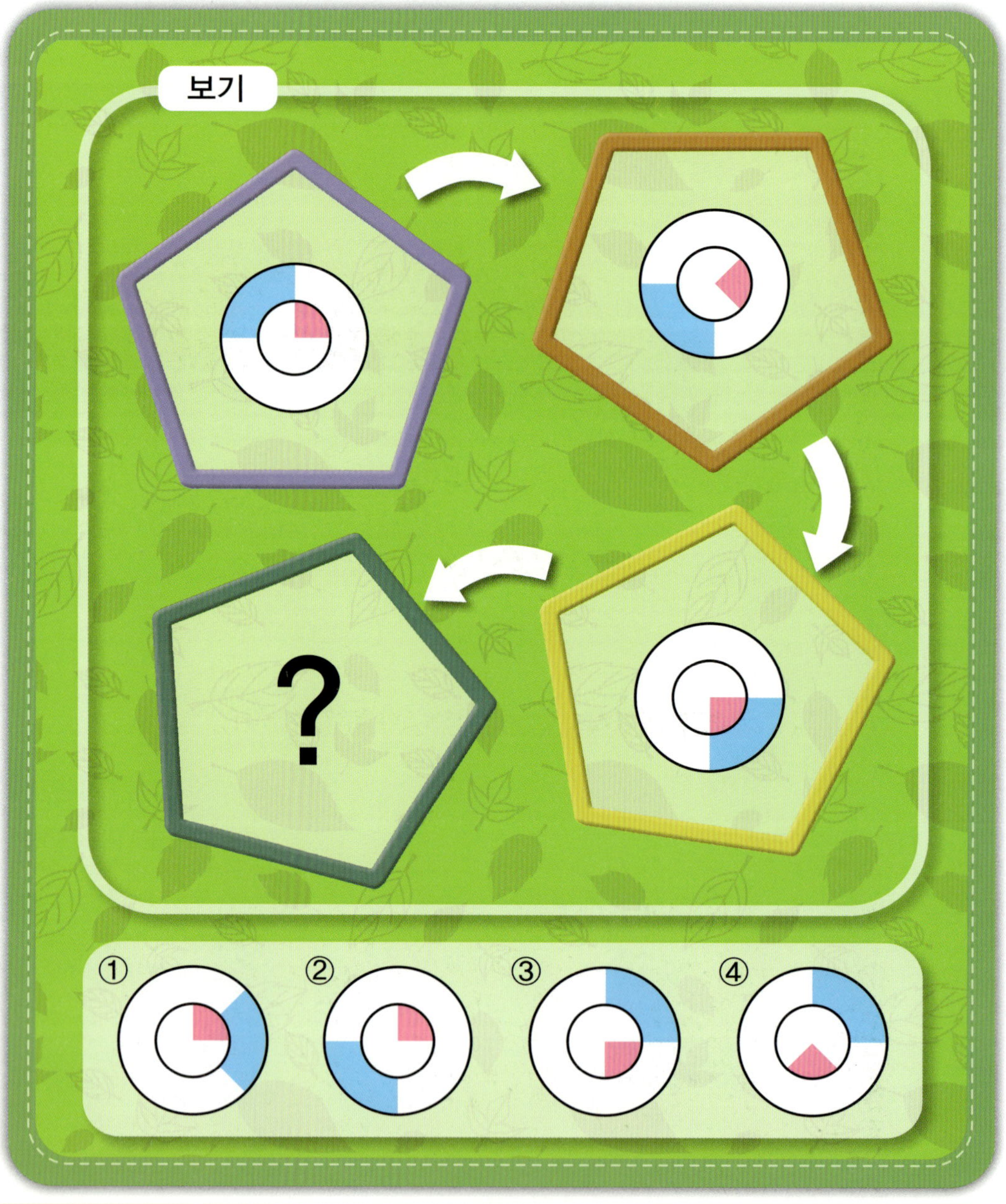

**02** 아래 보기에는 규칙을 갖는 도형들이 나열되어 있습니다. 물음표 안에 들어갈 도형으로 알맞은 것은 무엇일까요?

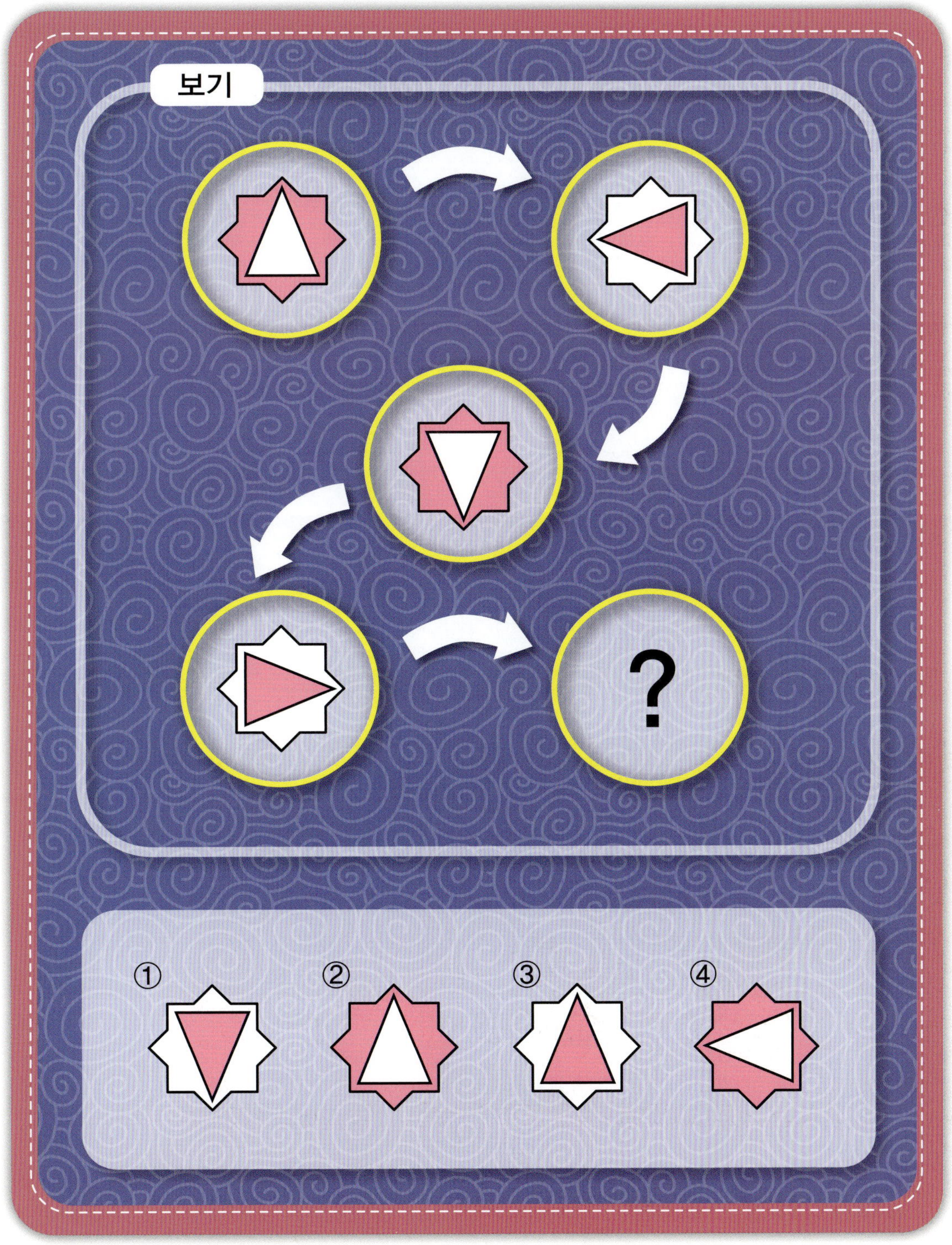

# Chapter 13 코딩 놀이 — 괴물을 피하는 로봇 놀이하기

## 학습목표

- 복제본을 만들고 생성된 복제본의 동작을 만드는 방법에 대해 알아봅니다.
- 만들어진 복제본을 삭제하는 방법에 대해 알아봅니다.

### 배울 내용 미리보기

### 핵심놀이 — 스프라이트의 복제에 관련된 블록 알아보기

- `나 자신 ▼ 복제하기` : 자신 또는 특정 스프라이트를 복제합니다.
- `복제되었을 때` : 해당 스프라이트가 복제되었을 때 아래에 연결된 블록들을 실행합니다.
- `이 복제본 삭제하기` : `복제되었을 때` 블록에 연결된 모든 블록들을 삭제합니다.

## 01 괴물의 복제본 만들어 내려오기

❶ [피하기] 파일을 불러온 후 [괴물] 스프라이트의 [코드] 탭에서 [이벤트] 및 [제어], [동작], [연산] 팔레트를 이용하여 블록을 연결합니다.

※ 시작하기 버튼을 클릭했을 때 무한 반복하여 다음 기능을 실행합니다.
- 1초 동안 x위치를 -200 부터 200 사이의 난수로, y위치를 160으로 이동한 후 나 자신을 복제하기

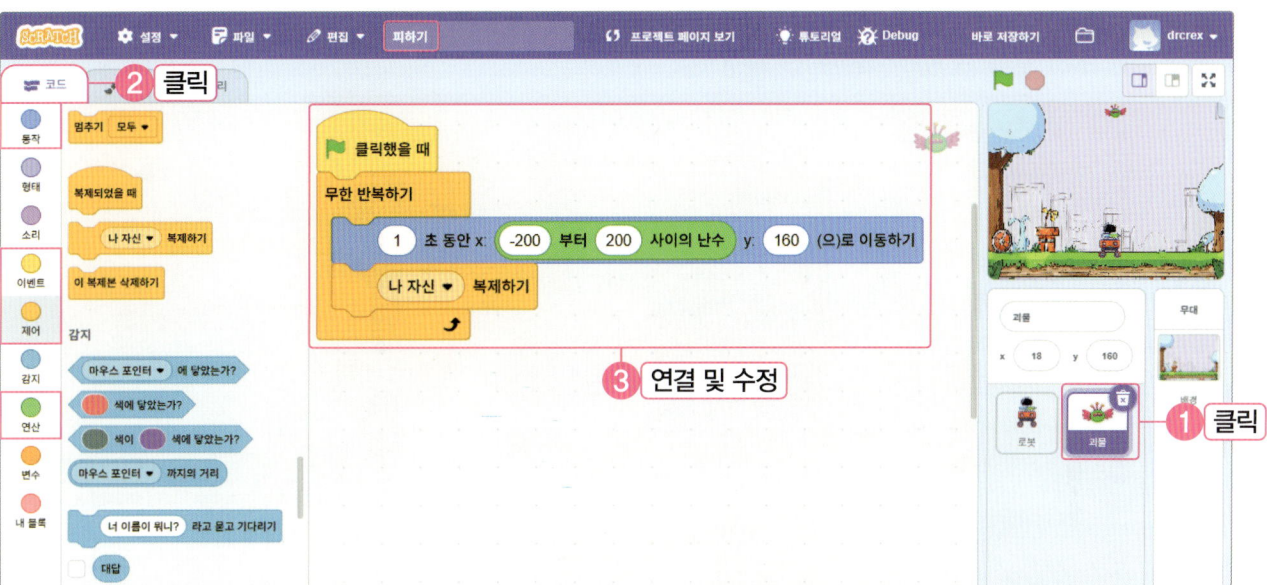

❷ 스프라이트가 복제되었을 때의 상태를 만들기 위해 [제어] 및 [동작], [감지] 팔레트를 이용하여 블록을 추가 연결합니다.

※ 복제되었을 때 무한 반복하여 다음 기능을 실행합니다.
- y좌표를 -2 만큼 바꾸기
- 만약 벽에 닿았다면 이 복제본 삭제하기

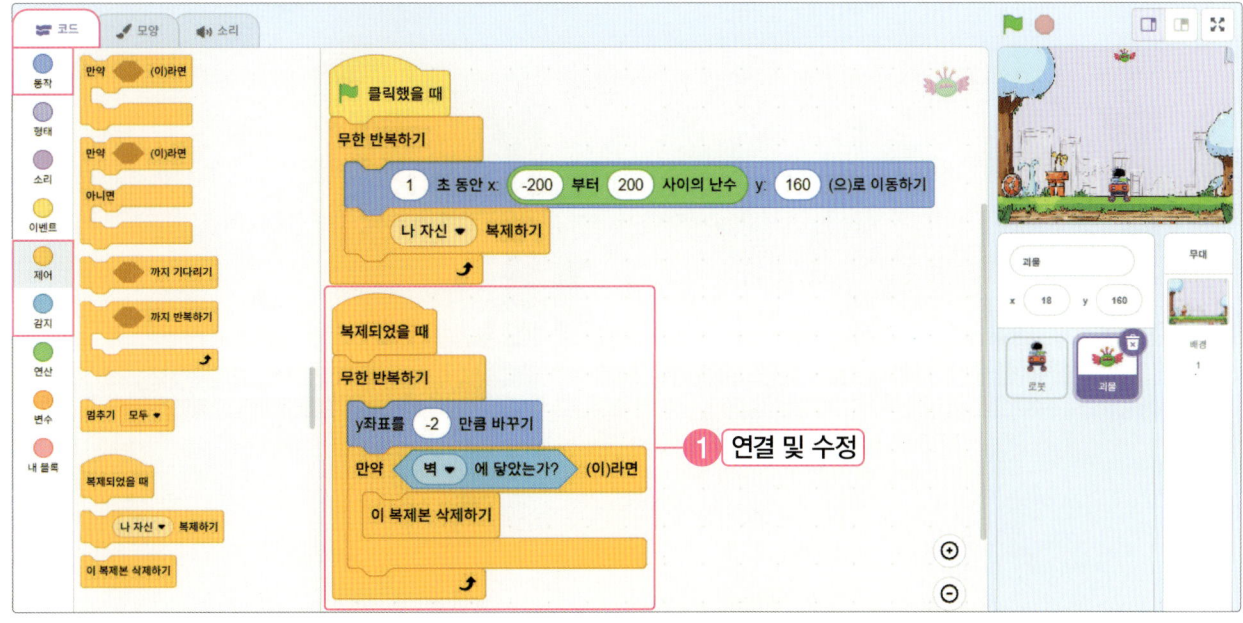

## 02 로봇의 좌표를 이용한 좌우 이동 및 게임 종료 만들기

❶ [로봇] 스프라이트의 [코드] 탭에서 [이벤트] 및 [제어], [감지], [동작] 팔레트를 이용하여 다음과 같이 블록을 연결합니다.

※ 시작하기 버튼을 클릭했을 무한 반복하여 다음 기능을 실행합니다.
- 만약, 왼쪽 화살표 키를 눌렀다면 x좌표를 -5 만큼 바꾸기
- 만약, 오른쪽 화살표 키를 눌렀다면 x좌표를 5 만큼 바꾸기
- 만약, 괴물에 닿았다면 모두 멈추기

❷ [시작하기]를 클릭 후 키보드의 좌우 방향키(◀/▶)를 눌러 괴물을 피하는 게임을 시작합니다.

84 • 창의코딩놀이 **Lesson 2** _ 스크래치

# CHAPTER 13 문제 해결 미션 수행하기

**미션 1** '우주괴물' 파일을 열고 다음 조건에 따라 무대를 완성한 후 실행해 보세요.

- 시작하기 버튼을 클릭했을 때 무한 반복하여 다음 기능을 실행합니다.
  - UFO 위치로 이동한 후 나 자신을 복제하고 0.1초 기다리기
- 복제되었을 때 다음 기능을 실행합니다.
  - 색깔 효과를 1 부터 100 사이의 난수로 정하기
  - 3초 동안 x 위치를 -230 부터 230 사이의 난수로, y 위치를 -150으로 이동하기
  - 이 복제본 삭제하기

- 시작하기 버튼을 클릭했을 때 무한 반복하여 다음 기능을 실행합니다.
  - 2초 동안 x 위치를 -200 부터 200 사이의 난수로, y 위치를 140 위치로 이동하기

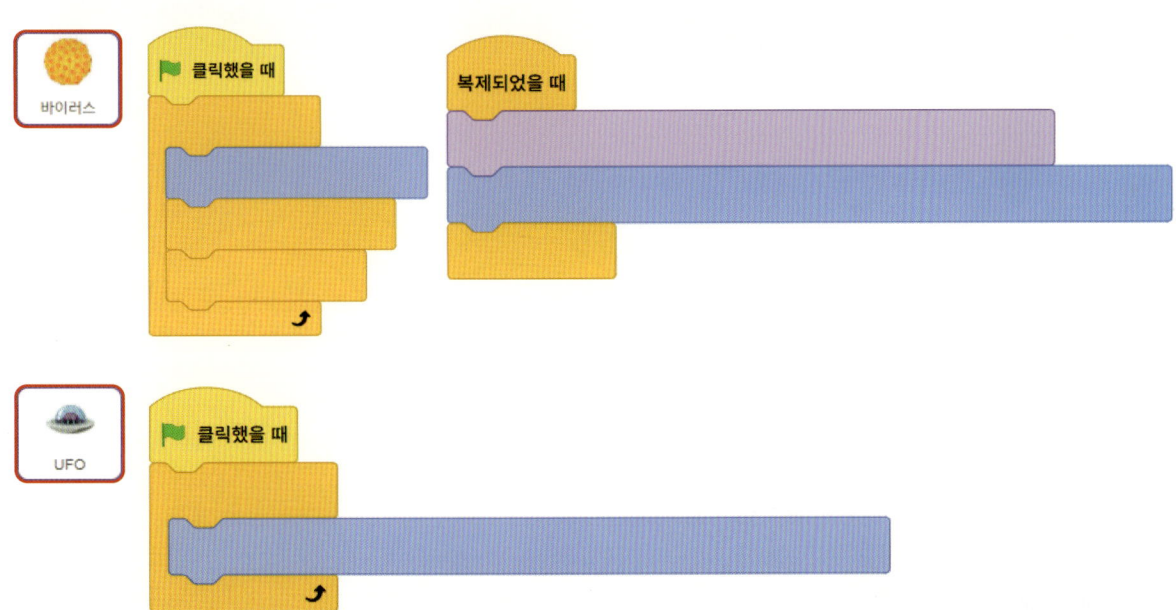

# CHAPTER 14 창의 놀이

> **학습 목표**
> 
> • 길 찾기 놀이를 통해 집중력을 높이는 방법을 알아봅니다.
> 
> `집중력`

### 길 찾기 놀이하기

**01** 토순이가 토돌이에게 갈 수 있도록 선을 연결하며, 길찾기 놀이를 해보세요.

86 • 창의코딩놀이 **Lesson 2**_스크래치

## 길 찾기 놀이하기

**02** 유령과 드라큘라, 해골 괴물 등이 등장하는 미로방에 보물이 있다는 정보를 알아냈습니다. 유령, 드라큘라, 해골, 박쥐 등을 만나지 않고 선을 연결하여 보물을 찾아보세요.

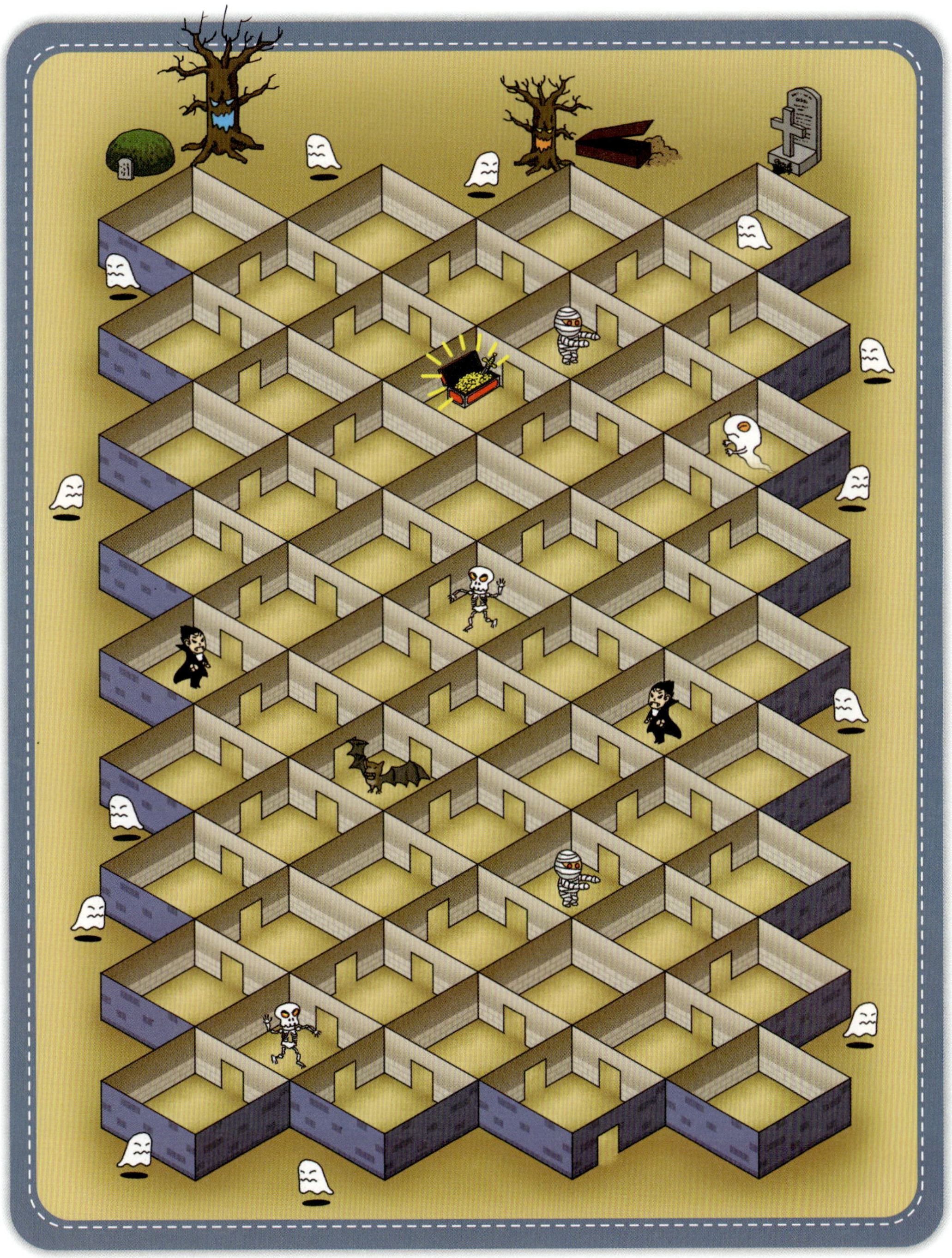

# Chapter 14 코딩 놀이

## 바닷속 물고기의 움직임 만들기

### 학습목표

- 특정 스프라이트에 닿았을 경우 튕기는 동작을 실습해 봅니다.
- 스프라이트의 복사 방법을 알아봅니다.

### 배울 내용 미리보기

### 핵심놀이  특정 스프라이트에 닿았을 때 튕기도록 만들기

- 벽에 닿으면 튕기기 블록과 같이 특정 스프라이트에 닿았을 때 튕기도록 만드는 방법입니다.
- 다가오는 스프라이트가 부딪쳤을 때 스프라이트의 방향에 180°의 값을 빼면 튕기는 동작으로 움직이는 방향이 바뀝니다.

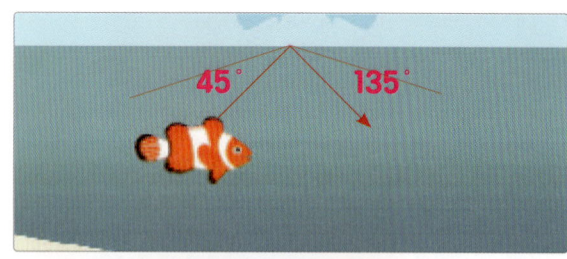
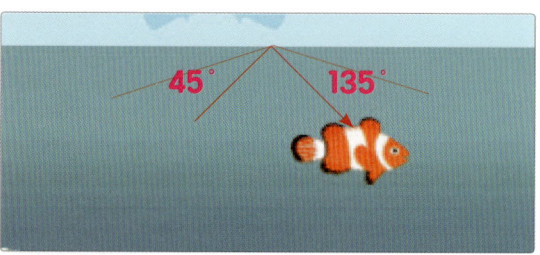

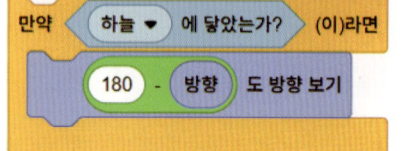
◀ 만약, '하늘'에 닿았다면 [180-방향]의 각도로 방향 보기

## 01 바다에서만 이동하는 물고기의 블록 코드 만들기

❶ [바다] 파일을 불러온 후 [바다] 배경과 위쪽 [하늘] 스프라이트의 구성을 확인합니다.
[물고기1] 스프라이트의 정보에서 회전 방식(왼쪽/오른쪽( ◀▶ ))과 각도(70)를 지정합니다.

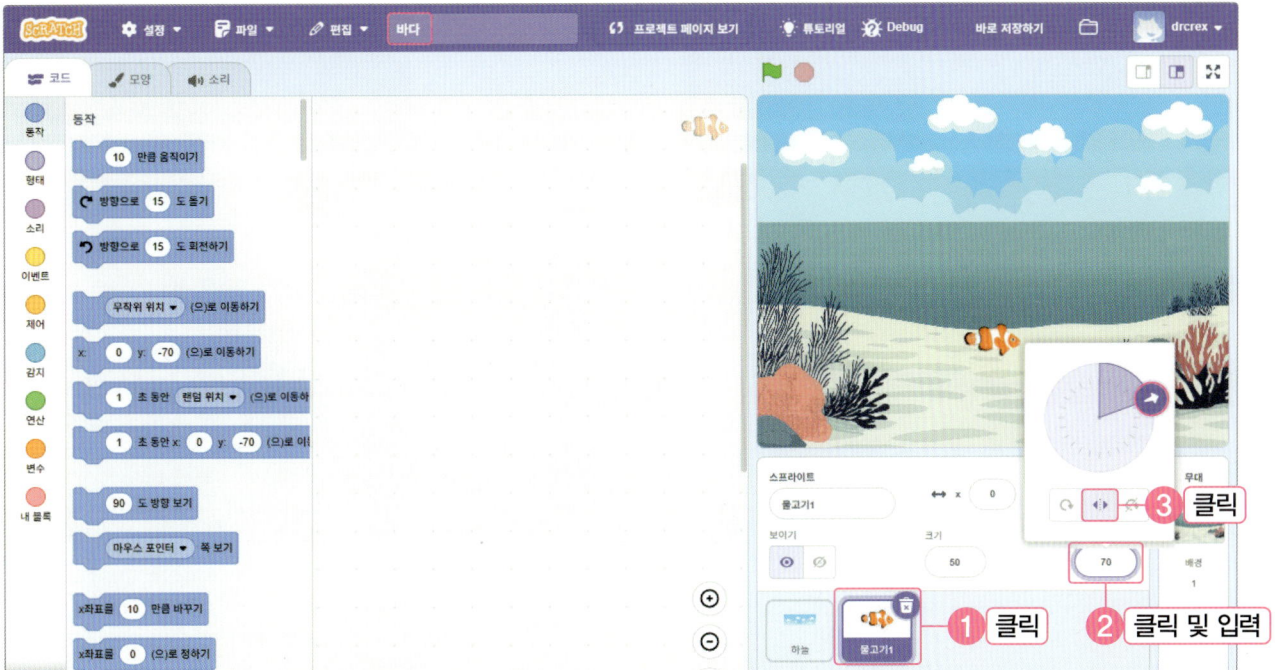

❷ [물고기1] 스프라이트의 [코드] 탭에서 [이벤트] 및 [제어], [동작], [감지], [연산] 팔레트를 이용하여 다음과 같이 블록을 연결합니다.

※ 시작하기 버튼을 클릭했을 때 무한 반복하여 다음 기능을 실행합니다.
- 오른쪽 방향으로 -2 부터 2 사이의 난수도 돌기
- 5만큼 움직인 후 벽에 닿으면 튕기기
- 만약, 하늘에 닿았다면 [180-방향] 각도로 방향 보기

Chapter 14 바닷속 물고기의 움직임 만들기 • 89

## 02 물고기 복사 후 모양 및 스프라이트 정보(위치 및 이동 방향) 수정하기

❶ 물고기를 복제하기 위해 [물고기1] 스프라이트에서 바로 가기 메뉴의 [복사]를 선택합니다.
물고기가 복사되면 [모양] 탭에서 모양(fish-b)을 선택한 후 스프라이트 정보를 수정합니다.

❷ 같은 방법으로 물고기를 복사한 후 [모양] 탭에서 모양을 바꾼 후 스프라이트 정보를 수정합니다.

❸ [시작하기]를 클릭한 후 물고기가 하늘을 제외한 바다에서 움직이는지 확인합니다.

## CHAPTER 14 문제 해결 미션 수행하기

**미션 1** '핑퐁' 파일을 열고 다음 조건에 따라 무대를 완성한 후 실행해 보세요.

- 시작하기 버튼을 클릭했을 때 x위치 0, y위치 0으로 이동 후 다음 기능을 실행합니다.
  - 바닥에 닿을 때까지 다음 기능을 반복하여 실행합니다.
    ·· 10 만큼 움직이고 벽에 닿으면 튕기기
    ·· 만약 막대에 닿았다면 [180-방향]도 방향 보기
  - 모든 코드 멈추기

- 시작하기 버튼을 클릭했을 때 무한 반복하여 다음 기능을 실행합니다.
  - x 위치를 마우스의 x 좌표로, y 위치를 -160으로 이동하기

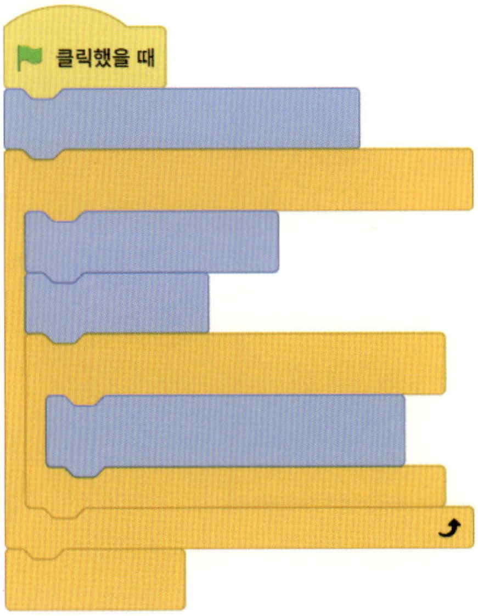

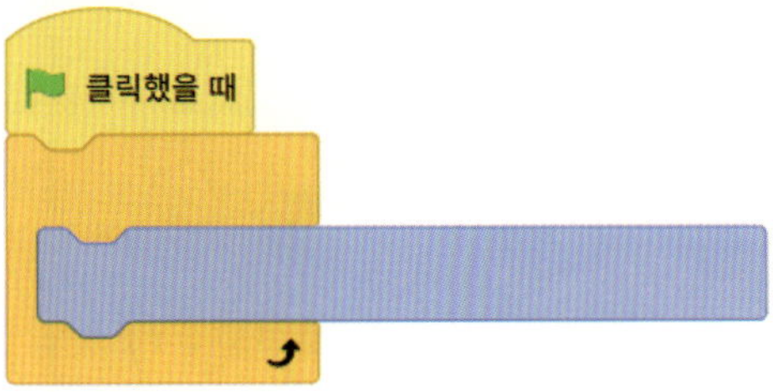

# CHAPTER 15 창의 놀이

**학습 목표**

- 재미있는 퍼즐 스도쿠 문제를 풀어보며 논리적 사고력을 높여봅니다.

**논리적 사고력**

**재미있는 스도쿠 문제**

**01** 재미있는 4×4 퍼즐 스도쿠를 배워보죠!
격자를 살펴보면 행이 4개, 열이 4개, 작은 상자가 4개 있습니다(각 상자는 2×2 임).
아래 규칙에 따라 빈 상자에 들어갈 이미지가 무엇인지 적어주세요.

[규칙]
- 모든 행과 열에는 반복 없이 서로 다른 이미지가 모두 있어야 해요.
- 모든 작은 상자(2×2 영역)에는 반복 없이 4개의 서로 다른 이미지가 모두 있어야 해요.

**02** 재미있는 4×4 퍼즐 스도쿠를 배워보죠!
격자를 살펴보면 행이 4개, 열이 4개, 작은 상자가 4개 있습니다(각 상자는 2×2 임).
아래 규칙에 따라 빈 상자에 들어갈 이미지가 무엇인지 적어주세요.

[규칙]
- 모든 행과 열에는 반복 없이 서로 다른 이미지가 모두 있어야 해요.
- 모든 작은 상자(2×2 영역)에는 반복 없이 4개의 서로 다른 이미지가 모두 있어야 해요.

# Chapter 15 코딩 놀이

## 좌표를 이용한 배경 움직임 만들기

### 학습목표

- 좌표를 이용한 배경의 움직임을 만들어 봅니다.
- 복제본의 생성 및 특정 상황에 따른 복제본의 삭제 방법에 대해 알아봅니다.

배울 내용 미리보기

**핵심놀이** 배경이 움직이도록 동작 만들기

- 배경1 : 배경1의 y 좌표를 1씩 차감하여 배경이 아래로 내려오다가 y 좌푯값이 -340 보다 작다면 배경이 무대 아래까지 내려왔기 때문에 다시 무대 위쪽(y : 340)으로 올립니다.
- 배경2 : 배경2를 처음 무대 위쪽(y:340)으로 올리고 y 좌표를 1씩 차감하여 배경이 아래로 내려오다가 y 좌푯값이 -340 보다 작다면 배경이 무대 아래까지 내려왔기 때문에 다시 무대 위쪽(y : 340)으로 올립니다.

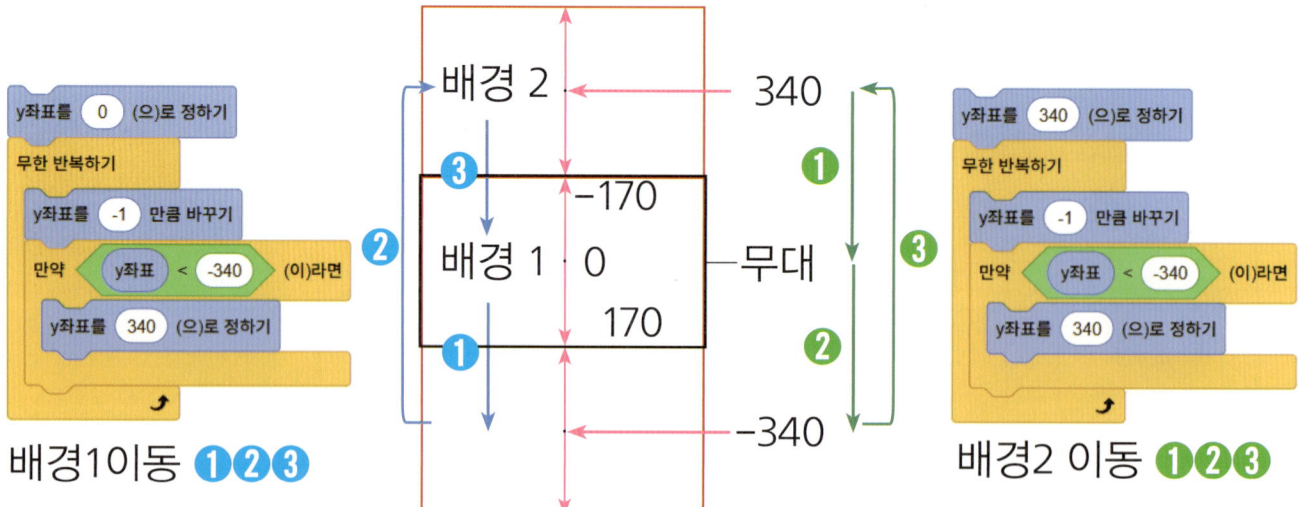

## 01  배경의 움직임 만들기

❶ [우주비행] 파일을 불러온 후 [배경1] 스프라이트의 [코드] 탭에서 [이벤트] 및 [동작], [제어], [연산] 팔레트를 이용하여 블록을 연결합니다.

※ 시작하기 버튼을 클릭했을 때 y좌표를 0으로 정한 후 무한 반복하여 다음 기능을 실행합니다.
- y 좌표를 –1 만큼 바꾸기
- 만약 y 좌표값이 –340 보다 작다면 y 좌표를 340으로 정하기

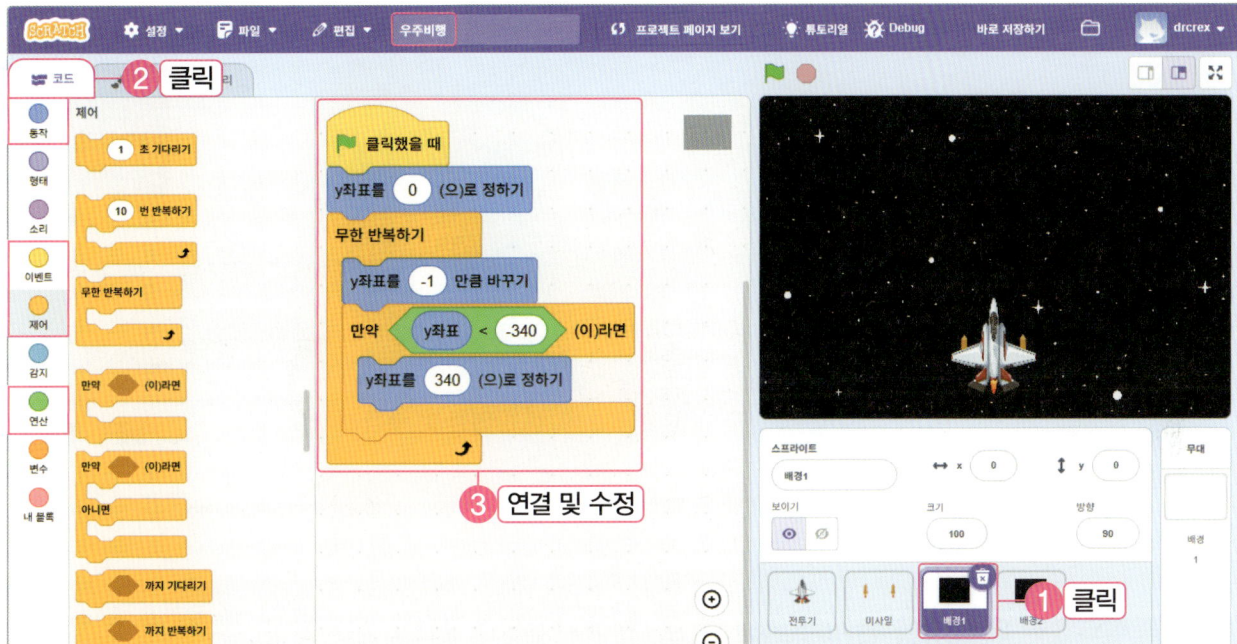

❷ [배경2] 스프라이트의 [코드] 탭에서 [이벤트] 및 [동작], [제어], [연산], 팔레트를 이용하여 블록을 연결합니다.

※ 시작하기 버튼을 클릭했을 때 y 좌표를 340으로 정한 후 무한 반복하여 다음 기능을 실행합니다.
- y 좌표를 –1 만큼 바꾸기
- 만약, y 좌표값이 –340 보다 작다면 y 좌표를 340으로 정하기

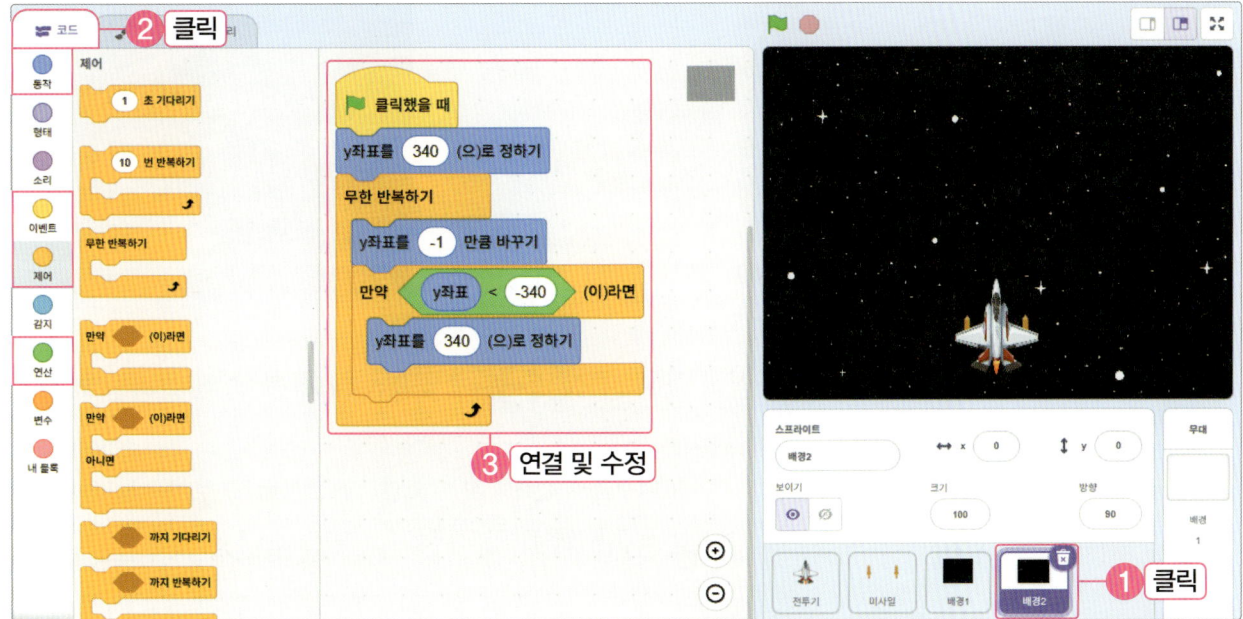

## 02 미사일의 움직임 및 발사 후 복제본 삭제하기

❶ [미사일] 스프라이트의 [코드] 탭에서 [이벤트] 및 [제어], [동작], [감지] 팔레트를 이용하여 블록을 연결합니다.

※ 시작하기 버튼을 클릭했을 때 무한 반복하여 전투기 위치로 이동합니다.
　시작하기 버튼을 클릭했을 때 무한 반복하여 다음 기능을 실행합니다.
　- 만약, 스페이스 키를 눌렀다면 나 자신을 복제한 후 0.1초 기다리기

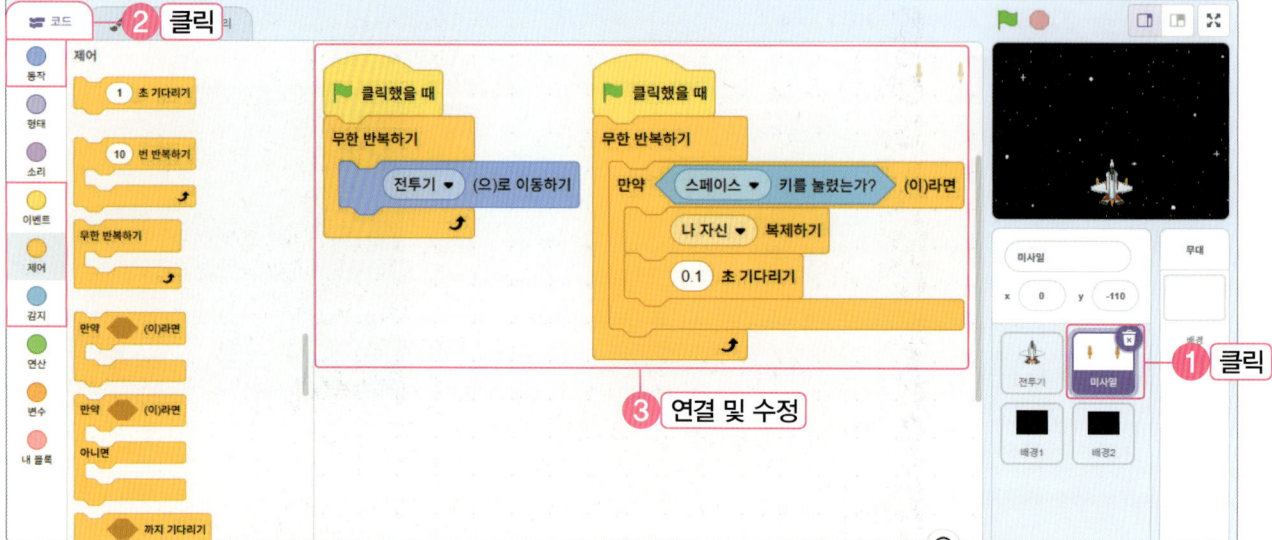

❷ 복제되었을 때 동작을 만들기 위해 [코드] 탭에서 [제어] 및 [동작], [연산] 팔레트를 이용하여 블록을 추가 연결합니다.

※ 복제되었을 때 무한 반복하여 다음 기능을 실행합니다.
　- y 좌표를 10 만큼 바꾸기
　- 만약, y좌표값이 170보다 크다면 이 복제본 삭제하기

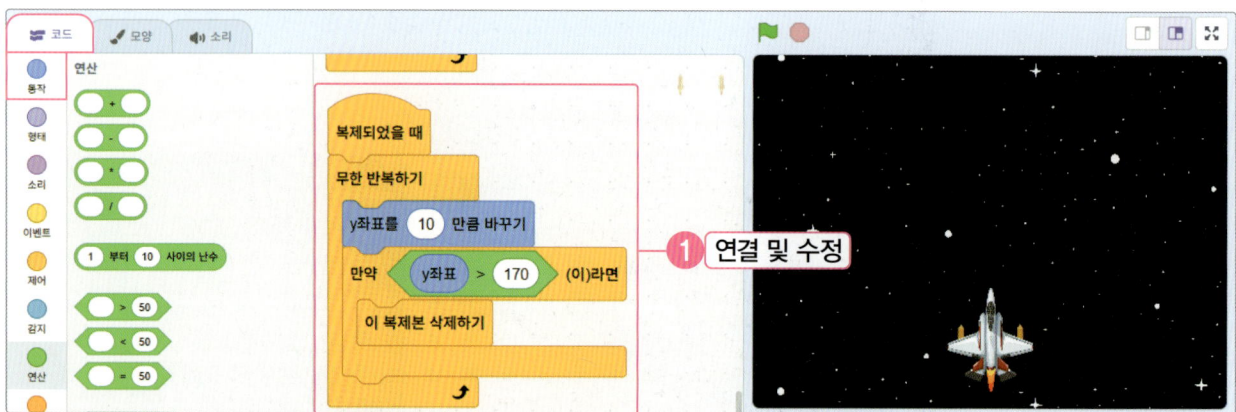

❸ [시작하기]를 클릭 후 배경의 움직임과 좌우 방향키(←/→) 및 SpaceBar를 눌러 결과를 확인합니다.

> 전투기는 좌우 방향키에 따라 해당 방향으로 움직이도록 미리 코딩되어 있습니다.

# CHAPTER 15 문제 해결 미션 수행하기

**미션 1** '우주비행2' 파일을 열고 다음 조건에 따라 무대를 완성한 후 실행해 보세요.

- 시작하기 버튼을 클릭했을 x좌표를 0으로 정한 후 무한 반복하여 다음 기능을 실행합니다.
  - x 좌표를 1 만큼 바꾸기
  - 만약, x좌표값이 440 보다 크다면 x좌표를 -440으로 정하기

- 시작하기 버튼을 클릭했을 때 x좌표를 -440으로 정한 후 무한 반복하여 다음 기능을 실행합니다.
  - x 좌표를 1 만큼 바꾸기
  - 만약 x좌표값이 440 보다 크다면 x좌표를 -440으로 정하기

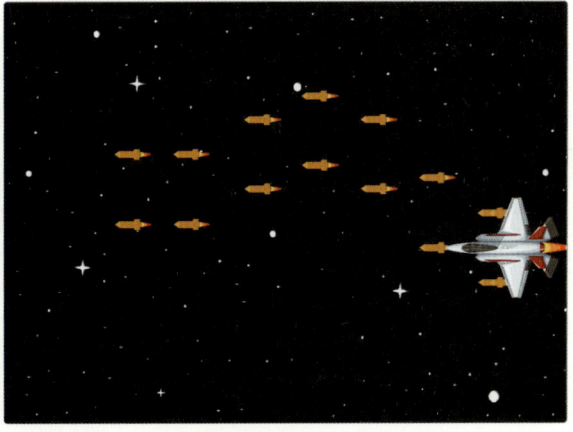

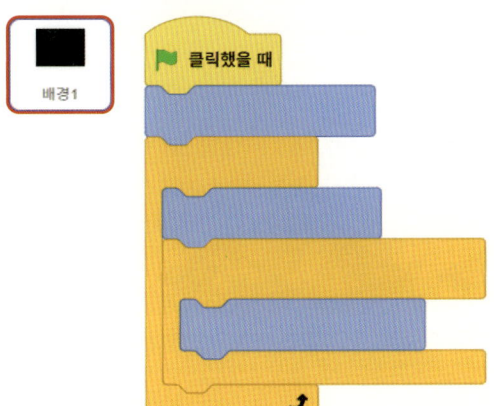
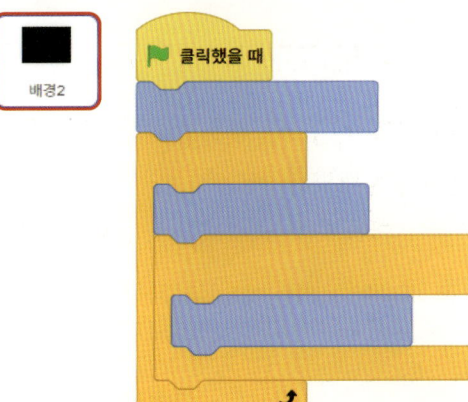

전투기기의 방향 이동과 미사일 발사, 그리고 미사일의 복제는 미리 코딩되어 있습니다.

CHAPTER

# 16 창의 놀이

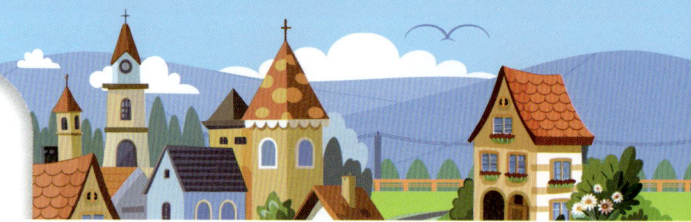

**학습 목표**

- 입체 퍼즐의 시각화를 통해 문제 해결 방법을 알아봅니다.

**패턴 인식 및 문제 해결 능력**

## 퍼즐 조각 맞추기

**01** 왼쪽 입체 퍼즐을 위쪽에서 바라 보았을 때 퍼즐 조각 그림으로 옳은 것을 찾아 번호에 동그라미를 그려보세요.

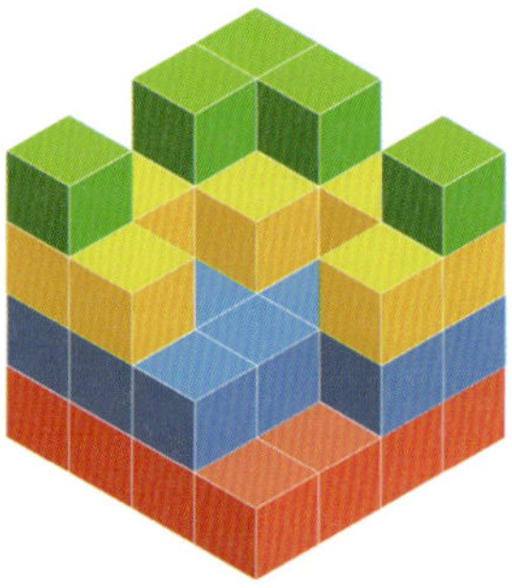

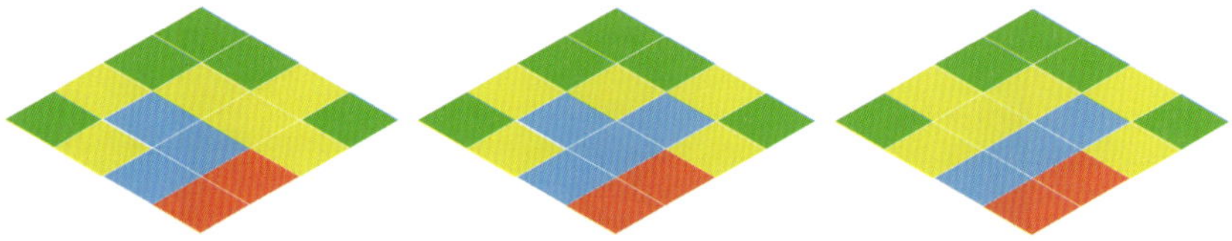

① ② ③

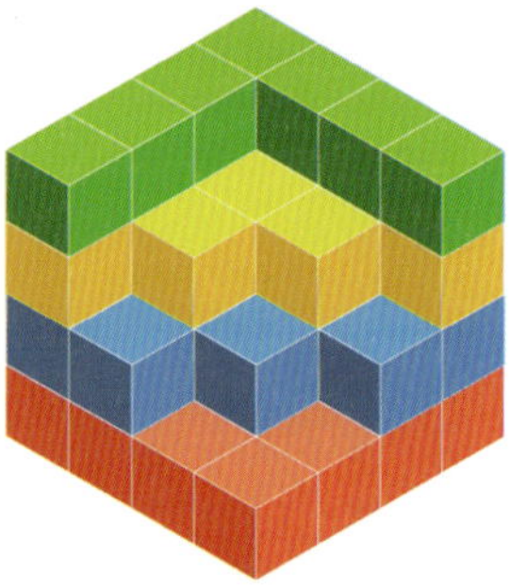

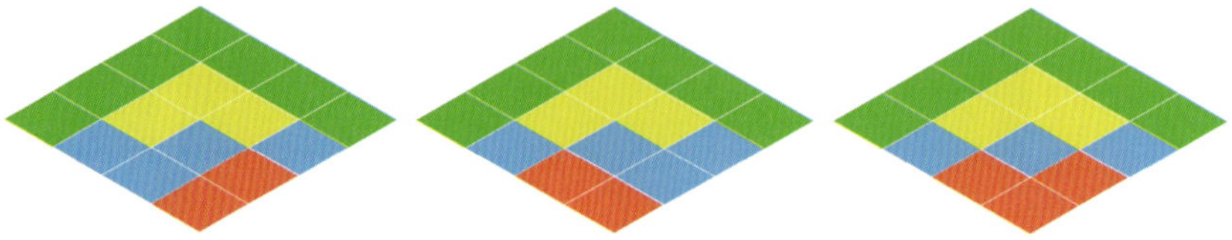

① ② ③

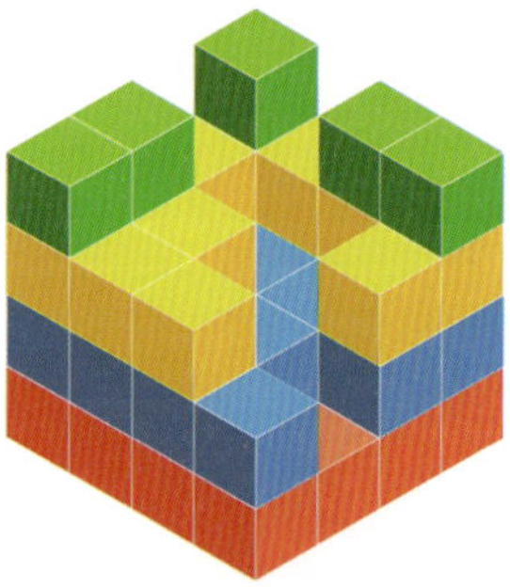

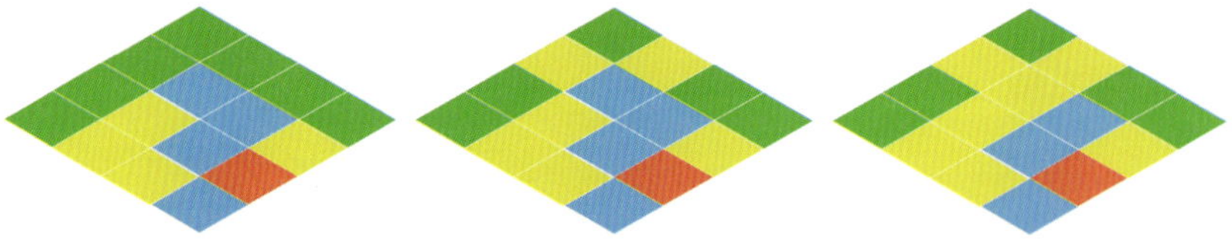

① ② ③

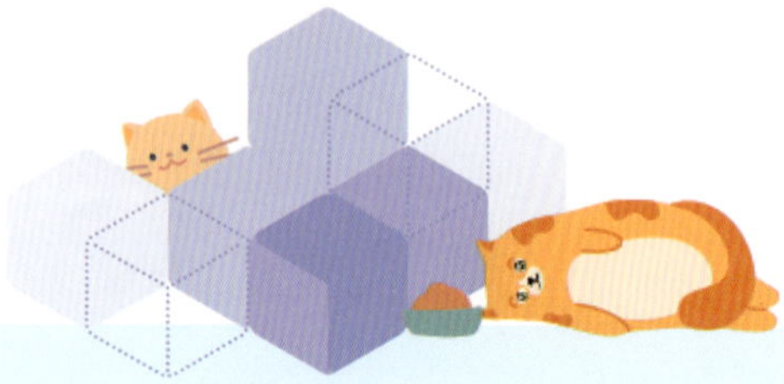

**02** 아래 보기의 퍼즐 조각 그림을 입체 모양으로 바라 보았을 때 퍼즐 조각 그림과 일치하는 모양을 찾아 번호에 동그라미를 그려보세요.

Chapter 16 창의 놀이

# Chapter 16 코딩 놀이

## 신호를 이용한 돌림판 돌리기 게임 만들기

### 학습목표

- 신호의 사용 방법에 대해 알아봅니다.
- 신호를 이용한 돌림판 돌리기 게임의 블록 코딩 방법에 대해 알아봅니다.

배울 내용 미리보기

### 핵심놀이   신호의 정의 및 신호 블록 알아보기

- 어떤 스프라이트가 원하는 때에 다른 스프라이트에게 동작할 타이밍을 알려주는 기능으로 스프라이트끼리 주고 받는 대화라고 할 수 있습니다.
- 신호를 이용하면 내가 원하는 시점과 조건에 맞춰 스프라이트가 동작하는 순서를 정할 수 있습니다.

- `메시지1 ▼ 신호 보내기` : 선택한 신호를 보냅니다.
- `메시지1 ▼ 신호를 받았을 때` : 선택한 신호를 받았을 때 아래에 연결된 블록들을 실행합니다.
- `메시지1 ▼ 신호 보내고 기다리기` : 선택한 신호를 보내고 해당 신호를 받는 블록들의 실행이 끝날 때까지 기다립니다.

## 01 신호 만들기 및 신호 보내기 블록 사용하기

❶ [돌림판] 파일을 불러온 후 [버튼] 스프라이트의 [코드] 탭에서 [이벤트] 및 [형태], [제어], [연산], [감지] 팔레트를 이용하여 블록을 연결한 후 `메시지1 ▼ 신호 보내기` 블록의 목록 단추(▼)를 눌러 [새로운 메시지]를 클릭합니다.

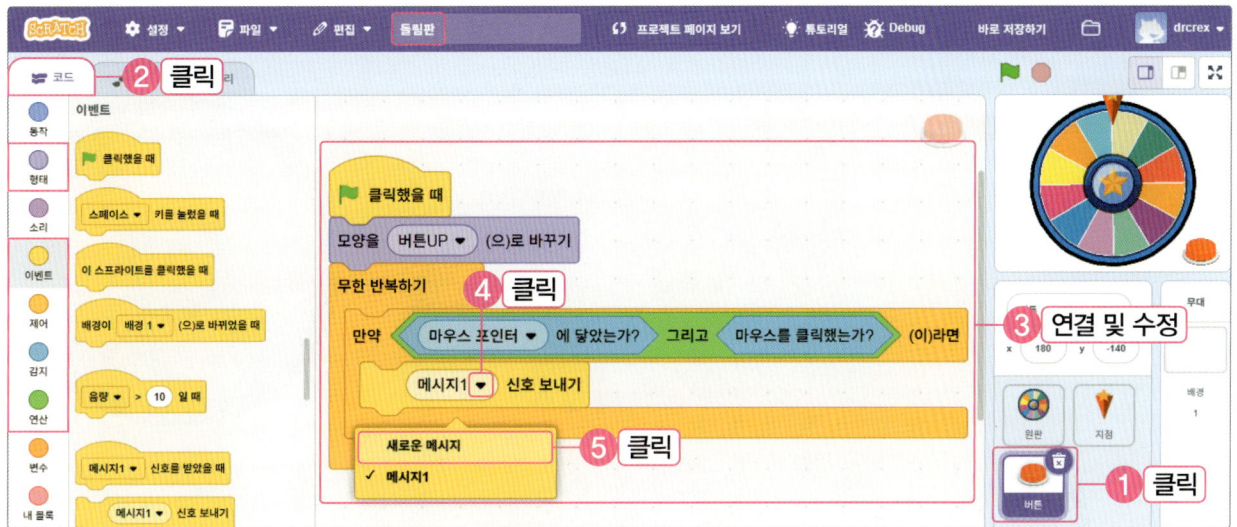

❷ [새로운 메시지] 대화상자가 표시되면 새로운 메시지 이름(돌리기)을 입력 후 [확인]을 클릭합니다. 그런 다음 [이벤트] 및 [형태], [제어] 팔레트를 이용하여 블록을 추가 연결합니다.

※ 시작하기 버튼을 클릭했을 때 모양을 버튼UP으로 바꾸고 무한 반복하여 다음 기능을 실행합니다.
  – 만약, 마우스 포인터에 닿았고 마우스를 클릭했다면 돌리기 신호를 보내고 모양을 버튼DOWN으로 바꾸기
  – 0.1초 기다렸다가 모양을 버튼UP으로 바꾸기

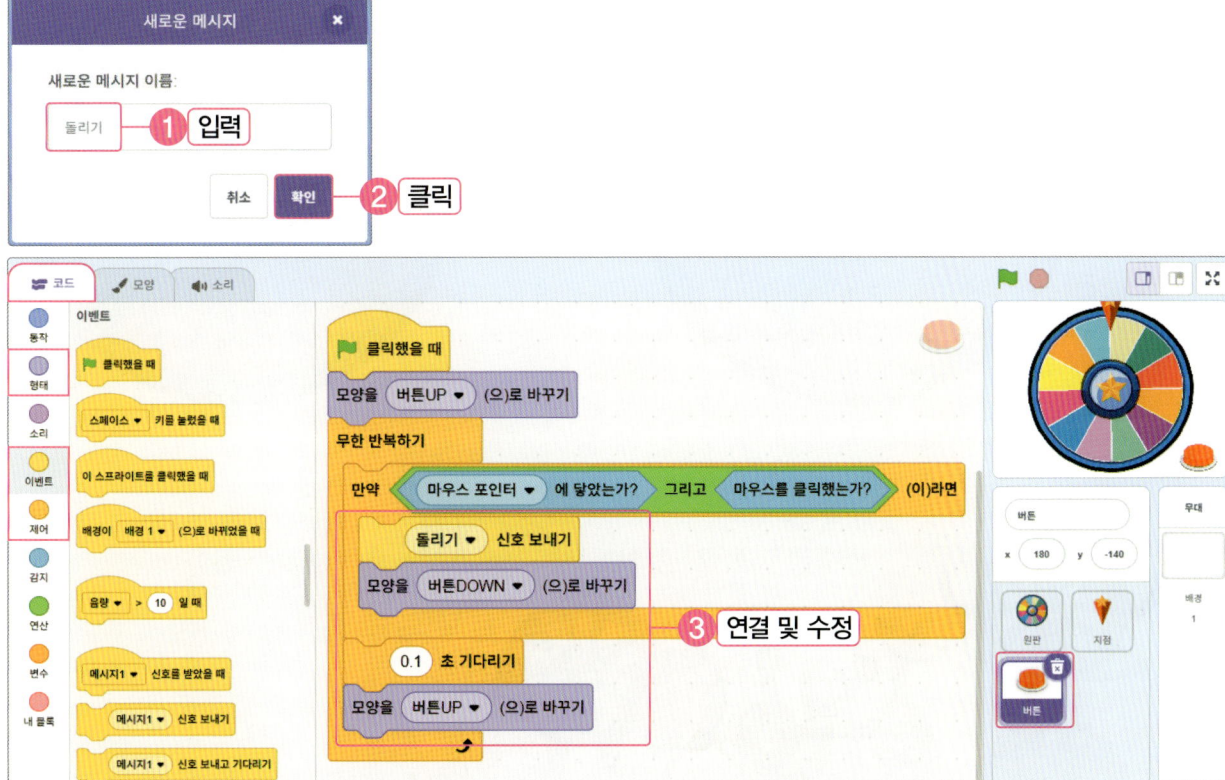

Chapter 16 신호를 이용한 돌림판 돌리기 게임 만들기 • 101

## 02 신호를 받았을 때 원판 돌리기 블록 코드 만들기

❶ [원판] 스프라이트의 [코드] 탭에서 [이벤트] 및 [제어], [연산], [동작] 팔레트를 이용하여 블록을 연결합니다.

※ 돌리기 신호를 받았을 때 다음 기능을 실행합니다.
– 50 부터 100 사이의 난수 번 반복하여 오른쪽 방향으로 13°도 돌고 0.01초 기다리기

❷ [시작하기]를 클릭 후 버튼을 클릭하여 무대에서 돌림판을 회전, 게임을 실행해 봅니다.

# CHAPTER 16 문제 해결 미션 수행하기

**미션 1** '다트게임' 파일을 열고 다음 조건에 따라 무대를 완성한 후 실행해 보세요.

- 시작하기를 클릭했을 때 모양을 버튼UP으로 바꾸고 무한 반복하여 다음 기능을 실행합니다.
    - 만약, 마우스 포인터에 닿았고 마우스를 클릭했을 때 던지기 신호를 보내고 모양을 버튼DOWN으로 바꾸기
    - 0.1초 기다렸다가 모양을 버튼UP으로 바꾸기

- 시작하기 버튼을 클릭했을 때 모양을 숨깁니다.
- 던지기 신호를 받았을 때 다음 기능을 실행합니다.
    - x좌표를 -80 부터 120 사이의 난수로, y좌표를 110 부터 -90 사이의 난수로 이동하기
    - 모양을 보이고 2초 기다렸다가 모양 숨기기

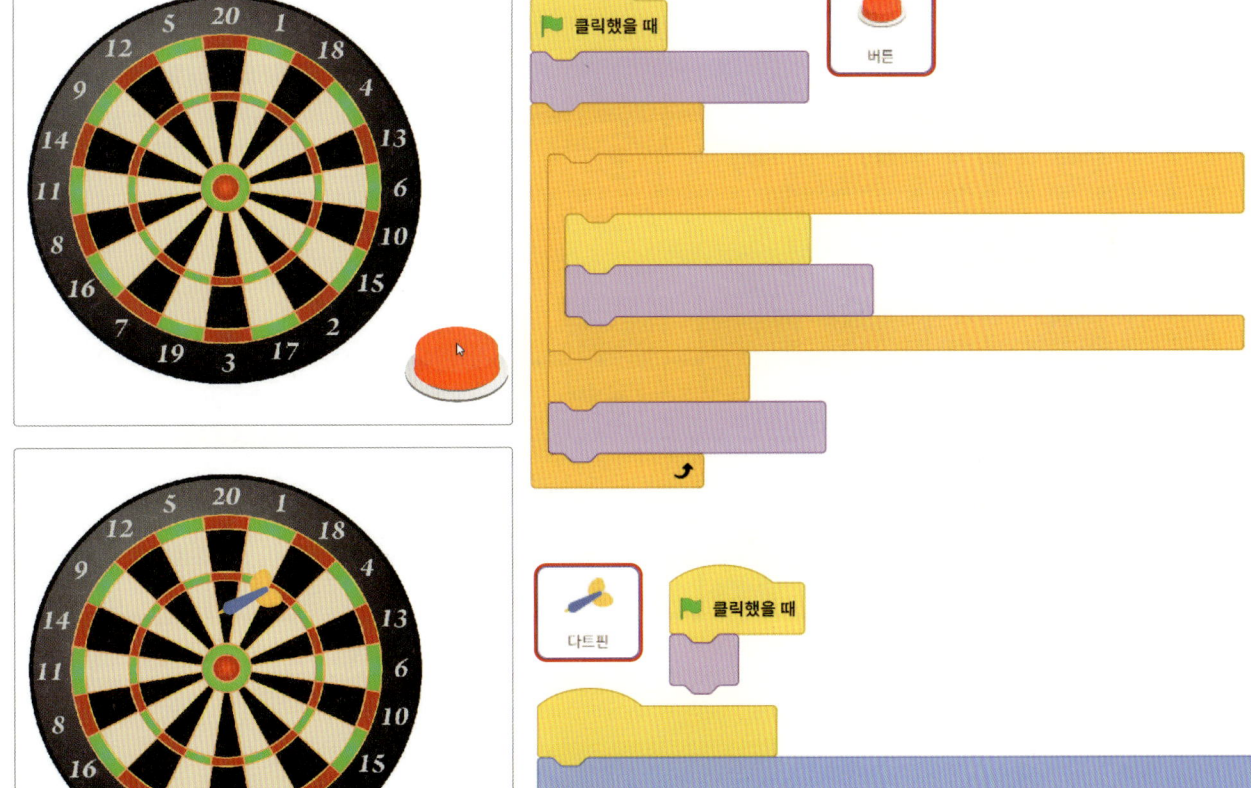

# CHAPTER 17 창의 놀이

**학습 목표**

- 창의력과 사고력을 높여주는 패턴 문제를 풀어보며 해결 방법을 알아봅니다.

**패턴 인식**

**숫자 패턴 찾기**

**01** 아래 기차에 연결된 숫자 패턴을 확인하고 빈 칸에 들어갈 숫자를 적어보세요.

**02** 아래 자동차 패턴을 이용한 결과값을 통해 빈 칸에 들어갈 숫자를 적어보세요.

**03** 아래 동물 패턴을 이용한 결과값을 통해 빈 칸에 들어갈 숫자를 적어보세요.

# Chapter 17 코딩 놀이

## 거리 센서를 이용한 자동문 만들기

### 학습목표

- 거리 센서의 사용 방법을 알아봅니다.
- 거리 센서를 이용하여 자동문을 만드는 방법에 대해 알아봅니다.

**배울 내용 미리보기**

### 핵심놀이  거리 센서 만들기

- 거리 측정 비교에 의해 조건을 사용할 경우 [감지] 팔레트의  블록을 사용하며, 특정 스프라이트까지의 거리를 통해 실행되는 블록을 구분할 수 있습니다.

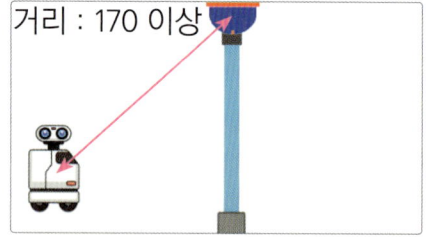
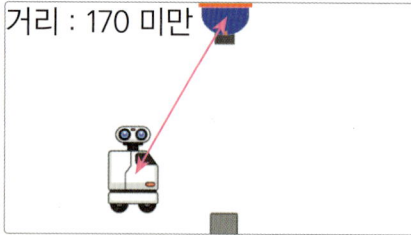
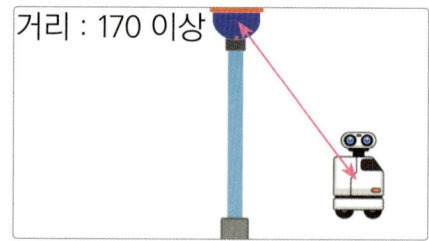

※ 만약, 로봇까지의 거리가 170 보다 작다면 열기 신호를 보내고 아니면 닫기 신호를 보냅니다.

## 01 문센서를 이용한 열기 및 닫기 신호 만들기

❶ [지하철] 파일을 불러온 후 [개폐기] 스프라이트의 [모양] 탭에서 모양을 확인합니다.

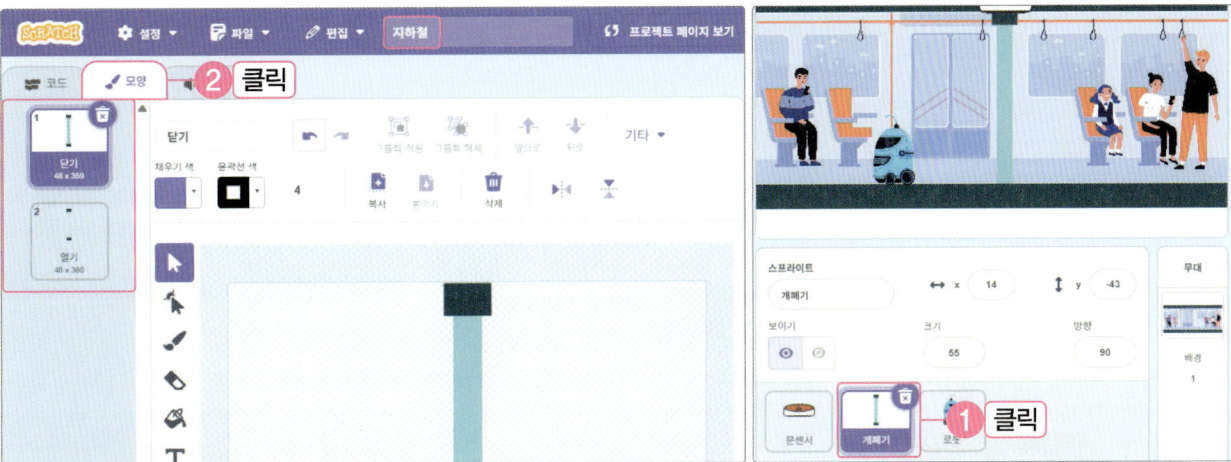

❷ [문센서] 스프라이트의 [코드] 탭에서 [이벤트] 및 [제어], [연산], [감지] 팔레트를 이용하여 다음과 같이 블록을 연결합니다.

※ 시작하기 버튼을 클릭했을 때 무한 반복하여 다음 기능을 실행합니다.
- 만약 로봇까지의 거리가 170 보다 작다면 열기 신호를 보내고 아니면 닫기 신호 보내기

Chapter 17 거리 센서를 이용한 자동문 만들기 • 107

## 02 개폐기의 센서 신호를 받았을 때 열기와 닫기 만들기

❶ [개폐기] 스프라이트의 [코드] 탭에서 [이벤트] 및 [형태] 팔레트를 이용하여 블록을 연결합니다.
  ※ 닫기 신호를 받았을 때 닫기 모양으로 바꾸기
  ※ 열기 신호를 받았을 때 열기 모양으로 바꾸기

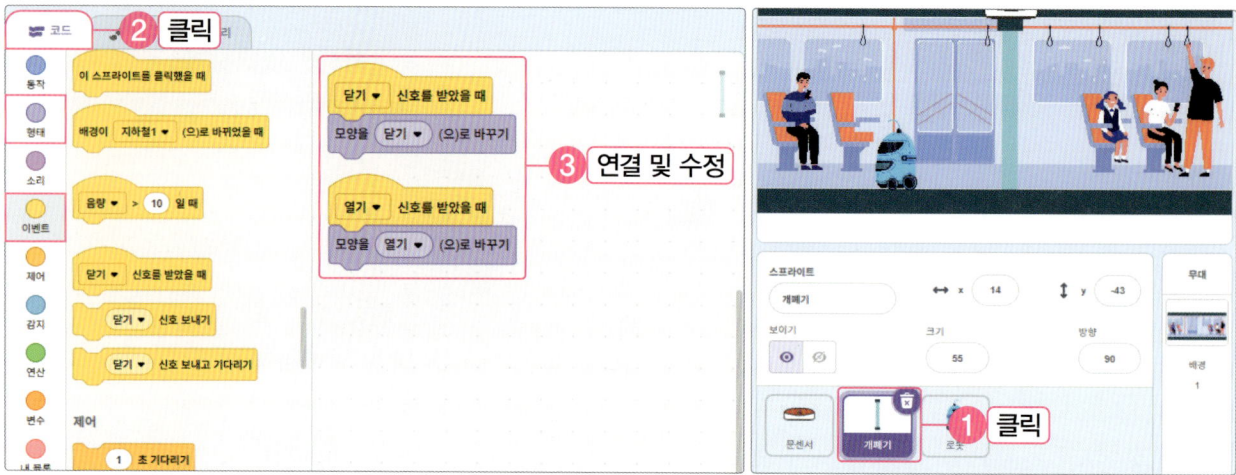

❷ [로봇] 스프라이트의 [코드] 탭에서 [이벤트] 및 [제어], [감지], [동작] 팔레트를 이용하여 블록을 연결합니다.  ※ 로봇이 키보드의 좌우 방향키에 따라 해당 방향으로 이동합니다.

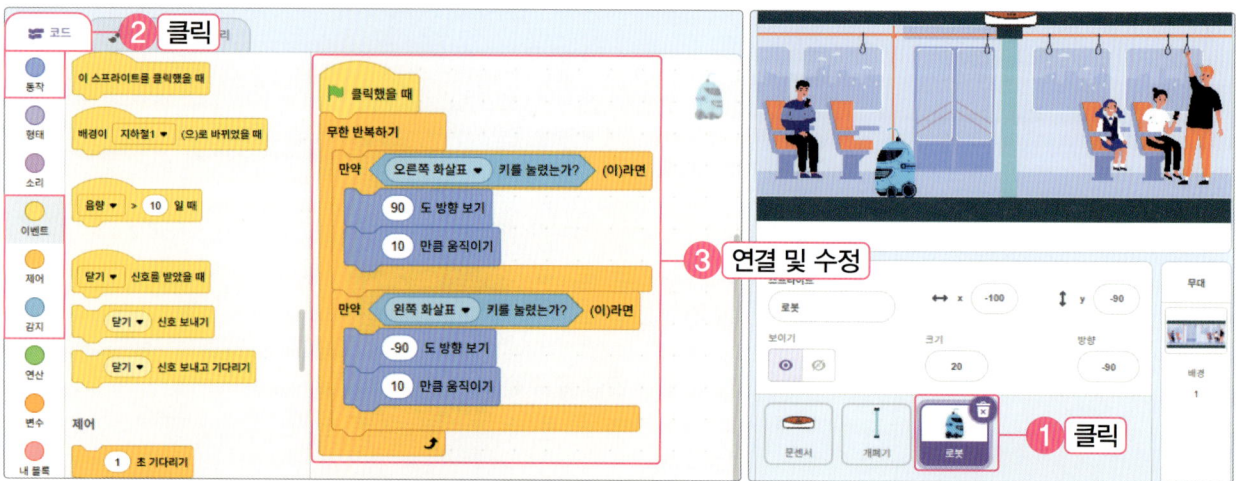

❸ [시작하기]를 클릭 후 좌우 방향키(←/→)를 이용하여 로봇을 이동, 자동문의 열고 닫힘을 확인합니다.

# CHAPTER 17 문제 해결 미션 수행하기

**미션 1** '도로' 파일을 열고 다음 조건에 따라 무대를 완성한 후 실행해 보세요.

- 시작하기 버튼을 클릭했을 때 무한 반복하여 다음 기능을 실행합니다.
  - 마우스 포인터 쪽을 보며 2 만큼 움직이기
  - 만약, 라인에 닿았다면 -2 만큼 움직이기
  - 만약, 차단기 까지의 거리가 50보다 작다면 열기 신호를 보내고 아니면 닫기 신호 보내기

- 열기 신호를 받았을 때 열기 모양으로 바꾸기
- 닫기 신호를 받았을 때 닫기 모양으로 바꾸기

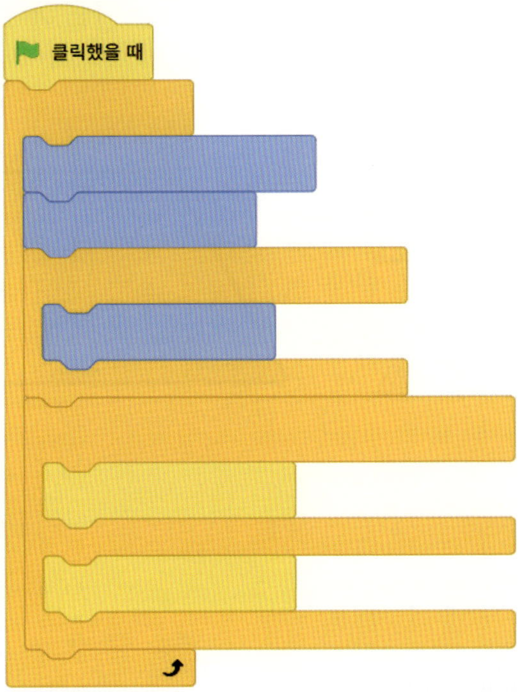

Chapter 17 거리 센서를 이용한 자동문 만들기 • 109

# CHAPTER 18 창의 놀이

**학습 목표**

● 사물의 형태를 이해하고 머릿속으로 그림을 그리며 생각의 능력을 높입니다.

**공간 지각력**

### 사물의 형태 이해하기

**01** 작은 4개의 도형을 이용하여 하나의 큰 모양의 도형으로 만들어 보세요.

 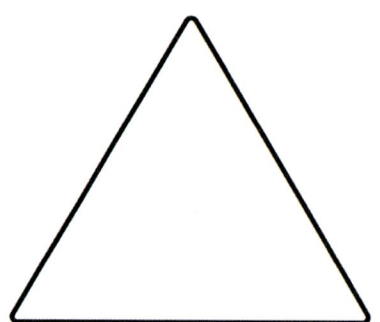

**02** 작은 4개의 도형을 이용하여 하나의 큰 모양의 도형으로 만들어 보세요.

**사물의 형태 이해하기**

**03** 작은 4개의 도형을 이용하여 하나의 큰 모양의 도형으로 만들어 보세요.

**04** 작은 4개의 도형을 이용하여 하나의 큰 모양의 도형으로 만들어 보세요.

# Chapter 18 코딩 놀이 — 배경 및 크기 비교를 이용한 사과나무 키우기

### 학습목표
- 배경의 변경 방법에 대해 알아봅니다.
- 크기 비교 센서의 사용 방법에 대해 알아봅니다.

**배울 내용 미리보기**

### 핵심놀이  배경 변경 블록 및 크기 비교 센서 만들기

- `배경을 다음 배경 (으)로 바꾸기` : 배경을 특정 스프라이트 또는 이전/다음/랜덤 배경으로 바꿀 수 있습니다.
- `배경을 이전 배경 (으)로 바꾸고 기다리기` : 배경을 특정 스프라이트 또는 이전/다음/랜덤 배경으로 바꾸고 기다립니다.
- `다음 배경으로 바꾸기` : 배경을 목록 순서에 따라 다음 배경으로 바꿉니다.
- 크기 비교에 사용할 경우 [형태] 팔레트의 `크기` 블록을 사용합니다.
- [연산] 팔레트의 `>` / `<` / `=` 블록 등과 연결하여 특정 크기를 판단하여 결과를 얻을 때 사용합니다.

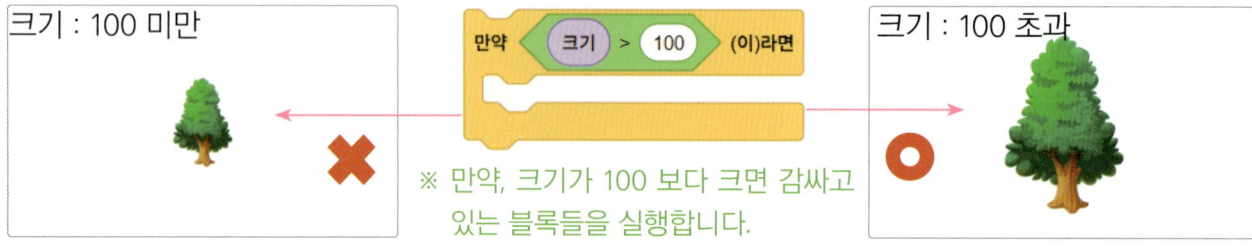

※ 만약, 크기가 100 보다 크면 감싸고 있는 블록들을 실행합니다.

## 01 나무 및 배경의 모양 확인 및 신호 만들기

❶ [사과나무] 파일을 불러온 후 [나무] 스프라이트의 [모양] 탭에서 모양을 확인합니다.

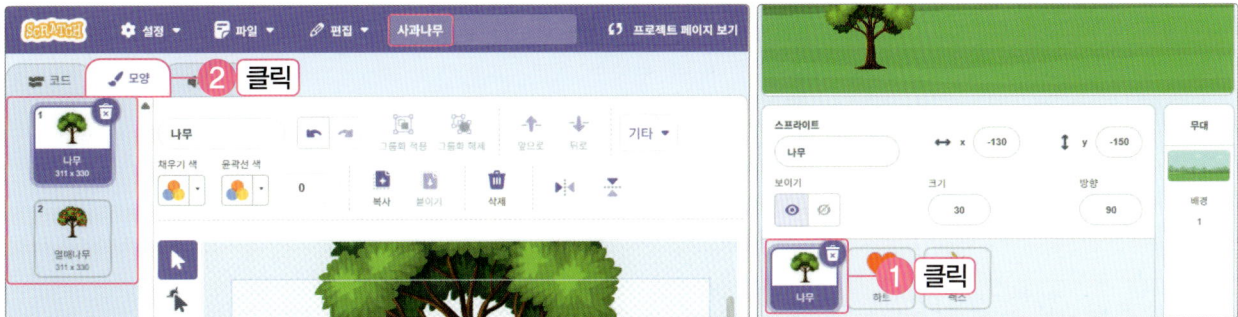

❷ [배경]의 [배경] 탭에서 모양을 확인 후 [코드] 탭에서 [이벤트] 및 [형태] 팔레트를 이용하여 다음과 같이 블록을 연결합니다.

※ 시작하기 버튼을 클릭했을 때 배경을 초원으로 바꾸기

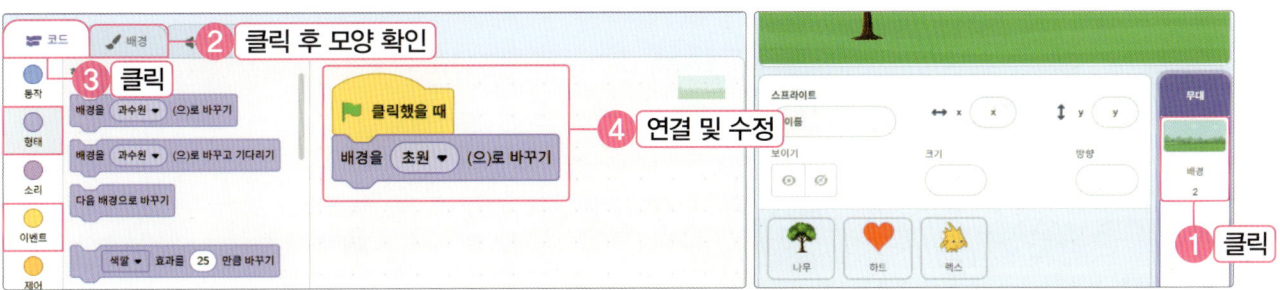

❸ [하트] 스프라이트의 [코드] 탭에서 [이벤트] 및 [제어], [감지], [동작] 팔레트를 이용하여 다음과 같이 블록을 연결합니다.

※ 시작하기 버튼을 클릭했을 때 무한 반복하여 다음 기능을 실행합니다.
- 만약, 렉스에 닿았다면 렉스로 이동하기
- 만약, 나무에 닿았다면 무작위 위치로 이동 후 에너지 신호 보내기

**Chapter 18** 배경 및 크기 비교를 이용한 사과나무 키우기 • **113**

## 02 나무의 기본 모양 및 크기와 에너지 신호를 받았을 때 결과 만들기

❶ [나무] 스프라이트의 [코드] 탭에서 [이벤트] 및 [형태], [제어], [연산] 팔레트를 이용하여 다음과 같이 블록을 연결합니다.

  ※ 시작하기 버튼을 클릭했을 때 다음 기능을 실행합니다.
   – 모양을 나무로 바꾸고 크기를 30%로 정하기

  에너지 신호를 받았을 때 다음 기능을 실행합니다.
   – 크기를 10만큼 바꾸기
   – 만약, 크기가 100 보다 크다면 모양을 열매나무로 바꾸고 배경을 과수원으로 바꾼 후 모두 멈추기

❷ [시작하기]를 클릭 후 방향키(←/→/↑/↓)를 이용하여 하트의 나무 이동을 반복, 결과를 확인합니다.

## CHAPTER 18 문제 해결 미션 수행하기

**미션 1** '눈사람' 파일을 열고 눈사람 만들기 작업을 다음 조건에 따라 완성한 후 실행해 보세요.

- 시작하기 버튼을 클릭했을 때 배경을 눈배경으로 바꿉니다.

- 시작하기 버튼을 클릭했을 때 무한 반복하여 다음 기능을 실행합니다.
    - 만약, 렉스에 닿았다면 렉스 위치로 이동하기
    - 만약, 눈에 닿았다면 무작위 위치로 이동한 후 눈뭉치기 신호 보내기

- 시작하기 버튼을 클릭했을 때 모양을 눈으로 바꾸고 크기를 10%로 정합니다.
- 눈뭉치기 신호를 받았을 때 다음 기능을 실행합니다.
    - 크기를 10만큼 바꾸기
    - 만약, 크기가 80 보다 크다면 모양을 눈사람으로 바꾸고 배경을 겨울배경으로 바꾼 후 모두 멈추기

# CHAPTER 19 창의 놀이

### 학습 목표

- 도형 찾기 놀이를 통해 수리력과 공간 지각 능력을 알아봅니다.

**수리 및 공간 지각 능력**

## 도형 찾기

**01** 아래의 도형 중에서 나머지 셋과 다른 도형을 찾아보세요.

**02** 아래의 도형 중에서 나머지 셋과 다른 도형을 찾아보세요.

**03** 아래의 도형 중에서 나머지 셋과 다른 도형을 찾아보세요.

**04** 아래의 도형에서 ?에 들어갈 도형은 무엇일까요?

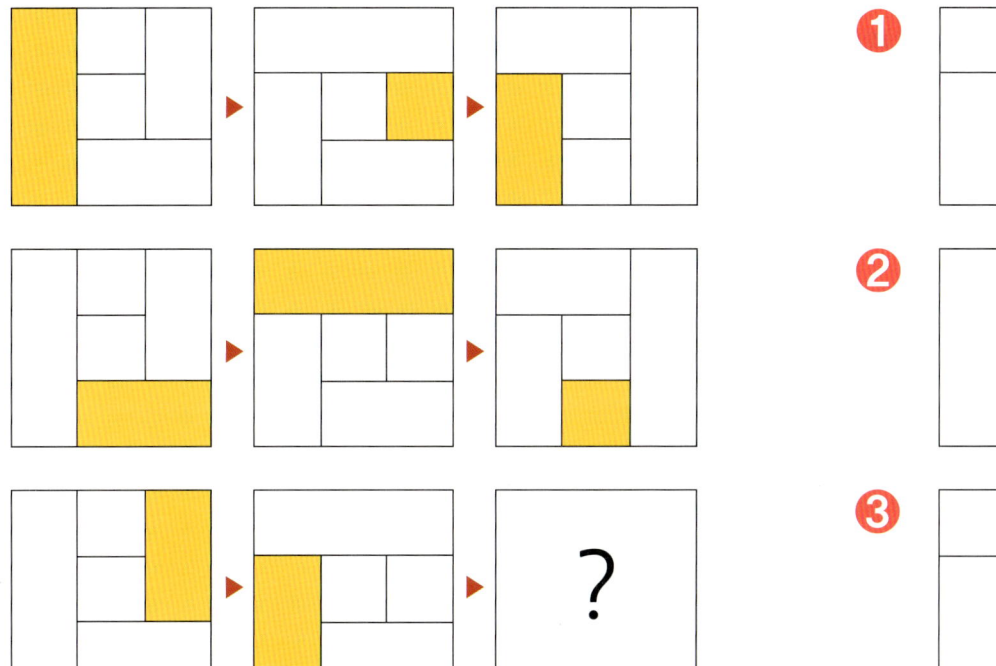

**05** 아래의 도형에서 ?에 들어갈 도형은 무엇일까요?

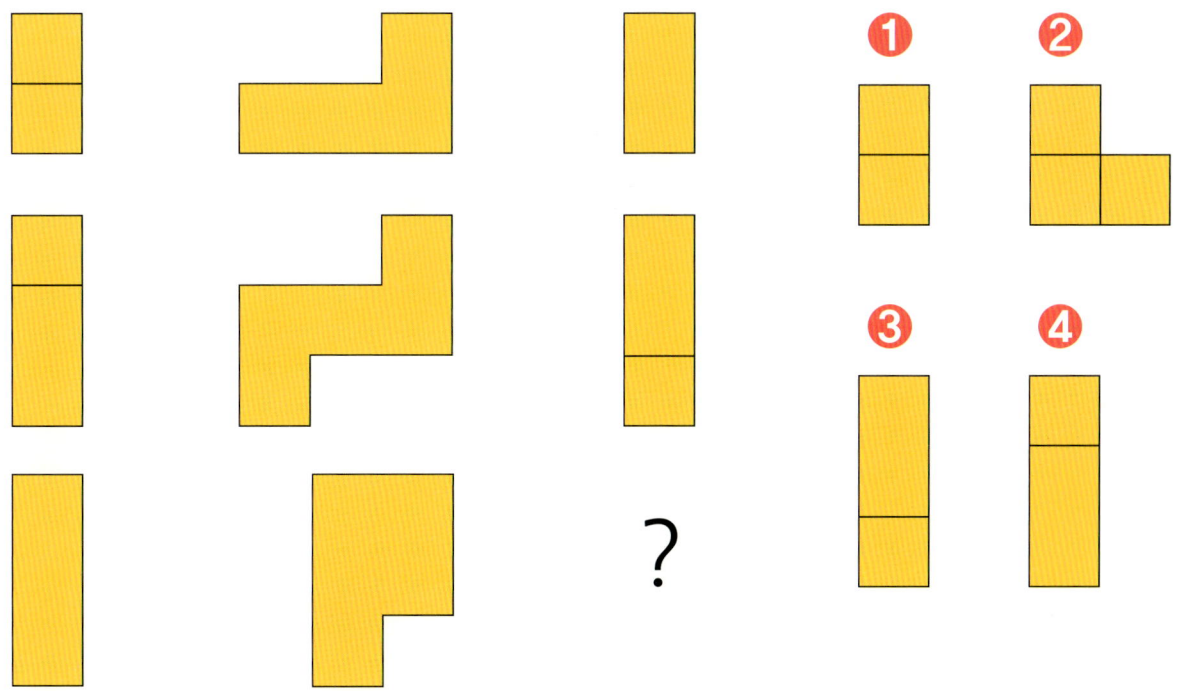

# Chapter 19 코딩 놀이

## 묻고 기다리기를 통해 친구와 인사하기

### 학습목표

- 묻고 기다리기 및 대답 블록의 원리를 이해합니다.
- 묻고 기다리기 및 대답의 블록 사용 방법을 알아봅니다.

배울 내용 미리보기

**핵심놀이** 묻고 대답 기다리기 및 변수 알아보기

- `너 이름이 뭐니? 라고 묻고 기다리기` : 스프라이트가 입력한 문자를 말풍선으로 묻고, 대답을 입력받습니다.
- `대답` : 묻고 기다리기 블록에 의해 사용자가 입력한 값을 저장합니다.

• 묻고 기다리기를 통해 사용자가 입력한 값을 넣어 두는 `대답` 과 같은 기능은 숫자, 단어 또는 기타 정보를 담을 수 있는 마법 상자와 같은 역할을 하는 것으로 변수라고 합니다.

• 변수는 사용자에 의해 여러 개를 만들 수 있습니다. 변수를 만드는 방법은 Chapter 20에서 설명하겠습니다.

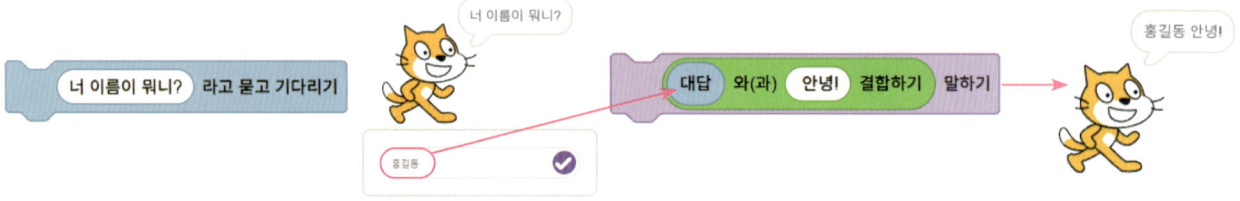

## 01 묻고 기다리기 및 대답 사용하기

❶ [인사하기] 파일을 불러온 후 [기린] 스프라이트의 [모양] 탭에서 모양을 확인합니다.

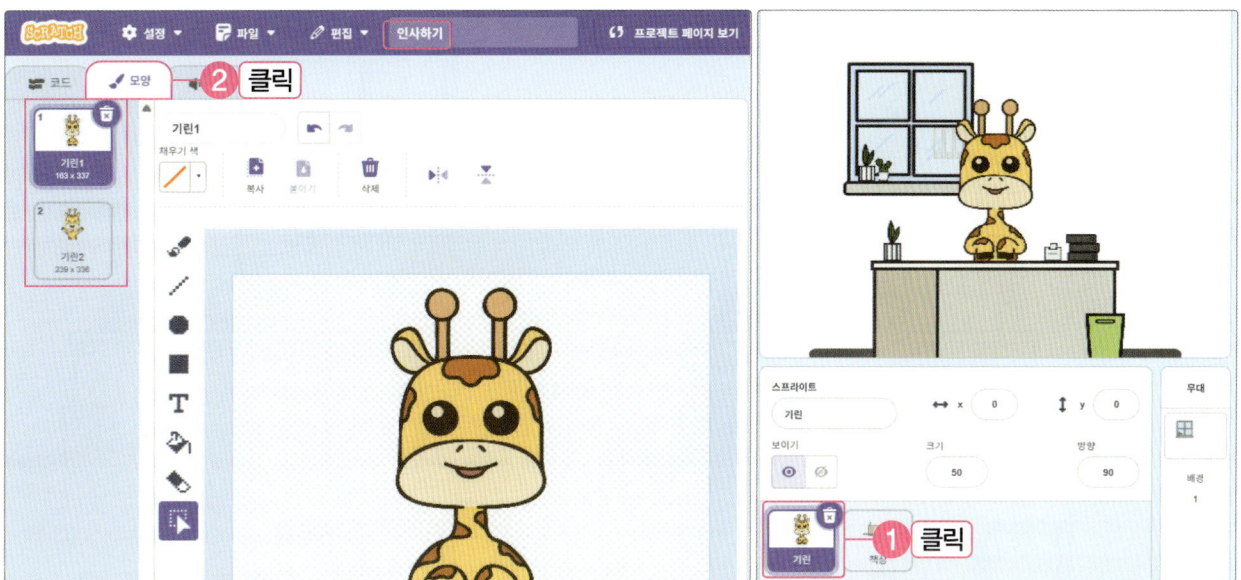

❷ [기린] 스프라이트의 [코드] 탭에서 [이벤트] 및 [제어], [형태], [감지], [연산] 팔레트를 이용하여 다음과 같이 블록을 연결합니다.

※ 시작하기 버튼을 클릭했을 때 무한 반복하여 다음 기능을 실행합니다.
- 모양을 기린1 모양으로 바꾼 다음 '안녕!'을 2초 동안 말하기
- '너 이름이 뭐니?'라고 묻고 기다리기
- 모양을 기린2 모양으로 바꾸고 대답과 ' 만나서 반가워~'를 결합하여 4초 동안 말하기

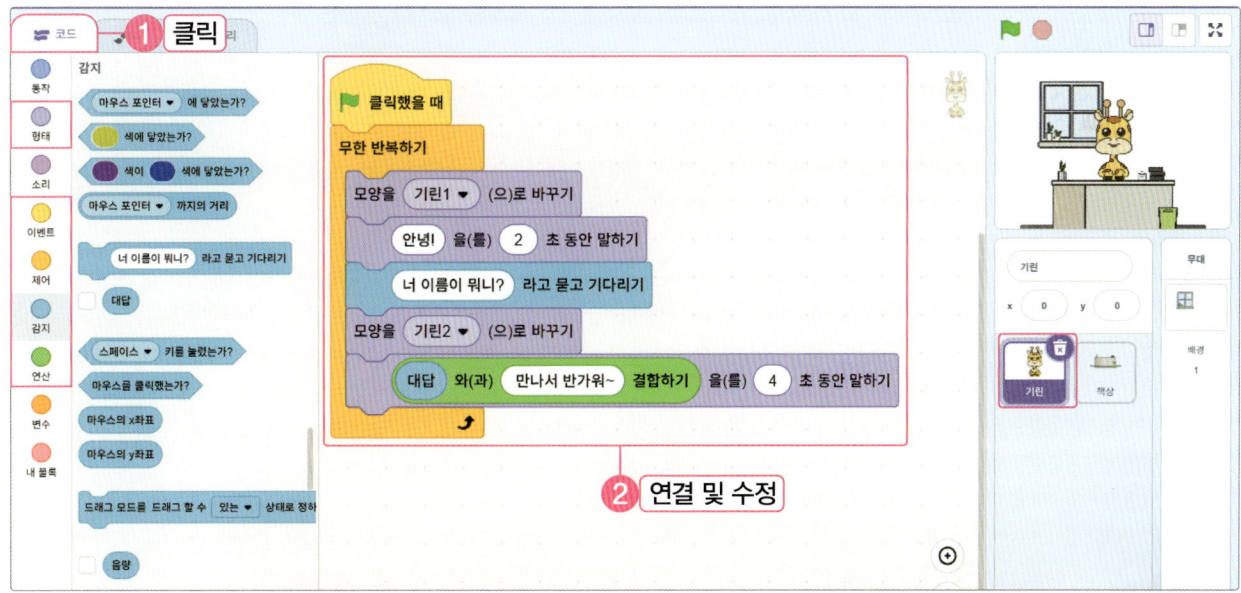

블록 코드를 실행했을 때 [너 이름이 뭐니? 라고 묻고 기다리기] 블록을 통해 실행 화면에 나타나는 입력 창(　　)에 내용을 입력하면 [대답] 변수에 그 내용이 저장됩니다.

Chapter 19 묻고 기다리기를 통해 친구와 인사하기 • 119

## 02 묻고 기다리기 및 대답을 통한 결과 확인하기

① [시작하기]를 클릭 후 이름을 묻는 입력 창에서 이름을 입력한 후 그 결과를 확인합니다.

대답 블록에는 항상 마지막에 입력된 하나의 값만 기억하고 있습니다. 그래서 반복으로 실행해도 항상 마지막으로 입력된 내용만 사용할 수 있답니다.

## CHAPTER 19 문제 해결 미션 수행하기

**미션 1** '엘리베이터' 파일을 열고 다음 조건에 따라 완성한 후 무대를 실행해 보세요.

- 시작하기 버튼을 클릭했을 때 무한 반복하여 다음 기능을 실행합니다.
  - 렉스까지의 거리가 150 보다 작지 않을 때까지 다음 기능을 반복 실행합니다.
    ·· '비밀번호를 입력하세요.'를 묻고 기다리기
    ·· 만약, 대답이 1234와 같다면 '열기' 신호를 보낸 후 '문이열립니다.'를 3초 동안 말하고 아니면 '닫기' 신호를 보낸 후 '잘못된 비밀번호입니다.'를 3초 동안 말하기
  - '닫기' 신호 보내기

- 시작하기 버튼을 클릭했을 때 모양을 닫기 모양으로 바꿉니다.
- '열기' 신호를 받았을 때 열기 모양으로 바꾸고 3초 기다린 후 닫기 모양으로 바꾸기
- '닫기' 신호를 받았을 때 열기 모양으로 바꾸기

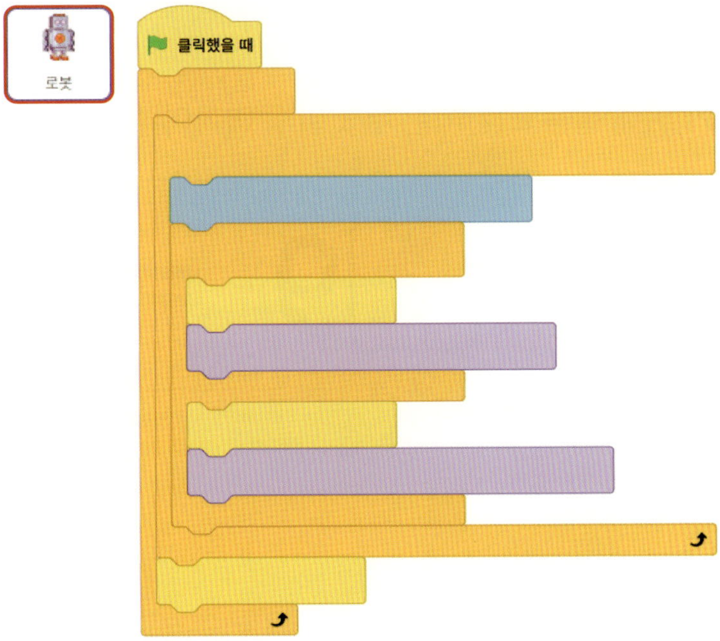

# CHAPTER 20 창의 놀이

**학습 목표**

● 수학적 문제를 분석하여 문제 해결 방법을 배워봅니다.

**수학적 사고 능력**

### 수학 문제 풀기

**01** 위에 있는 숫자와 연산자 카드를 이용하여 아래의 4와 6을 뽑아 64를 만들었습니다. 남은 카드를 이용하여 64의 결과를 만드는 식을 만들어 보세요.

6 4 = ☐ ☐ - ☐

**02** 아래의 수식을 성립시키기 위해 물음표(?)에는 무엇이 들어가야 할까요?

5 ? 1 + 4 ? 9 = 10

**03** 아래의 빈 칸에 들어갈 숫자는 무엇일까요?

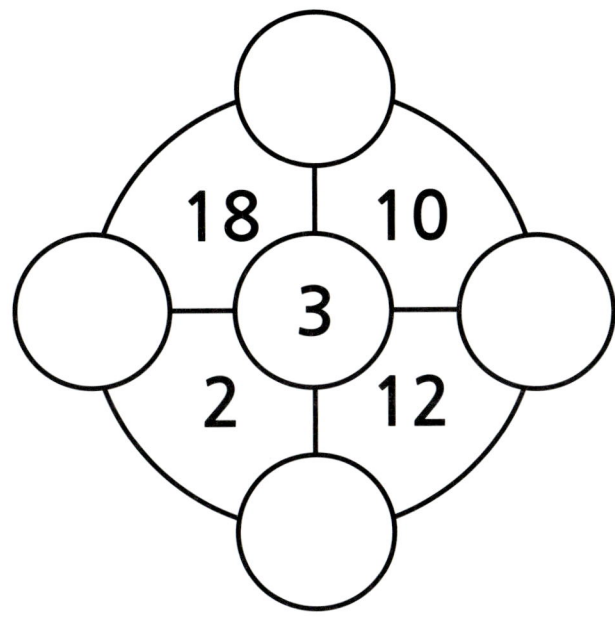

**04** 아래에 표시된 각각의 공이 나타내는 수는 무엇일까요?

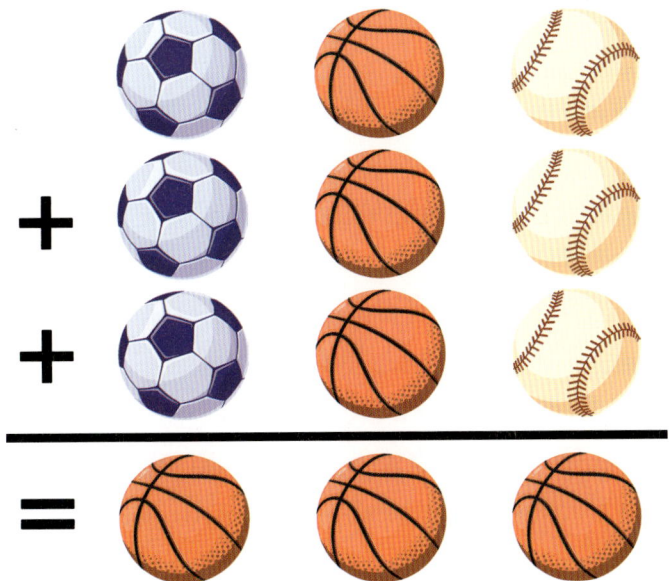

# Chapter 20 코딩 놀이 — 통통튀는 바운스 볼 놀이하기

### 학습목표

- 변수의 정의를 알아봅니다.
- 변수를 이용한 바운스 볼을 만드는 방법에 대해 알아봅니다.

**배울 내용 미리보기**

### 핵심놀이  변수 이해하기

우리가 게임을 할 때에 특정 아이템을 먹거나 적을 무찌를 경우 점수가 증가하고 반대로 적의 공격에 피해를 본다면 점수가 줄어드는 것을 볼 수 있습니다.

이럴 경우 해당 점수가 변동이 되는데 이런 특정 공간을 변수라고합니다.

만약, 컵이 하나 있는데 이 컵에는 커피를 담을 수도, 핫초코를 담을 수도, 혹은 녹차를 담을 수도 있겠죠. 하지만 두 가지 종류의 차를 담는다면 섞여서 이상한 맛이 날 수 있습니다.

이렇듯 변수는 숫자 또는 문자 혹은 다른 변수가 들어갈 수 있지만 하나만 들어갈 수 있는 특징이 있습니다. 만약, 변수에 값이 들어 있는데 새로운 값이 들어오면 전에 있던 값은 지워지고 새로운 값만 저장이 된답니다.

124 • 창의코딩놀이 **Lesson 2**_스크래치

## 01 변수 및 공의 좌우 움직임 만들기

❶ [바운스볼] 파일을 불러온 후 [코드] 탭에서 [변수] 팔레트의 [변수 만들기]를 클릭합니다.
[새로운 변수] 대화상자에서 새로운 변수 이름(높이)을 입력한 후 [확인]을 클릭합니다.
[높이] 변수가 생성되면 높이 블록 앞에 체크를 클릭하여 해제합니다. ※ 무대에서 변수 이름을 숨김

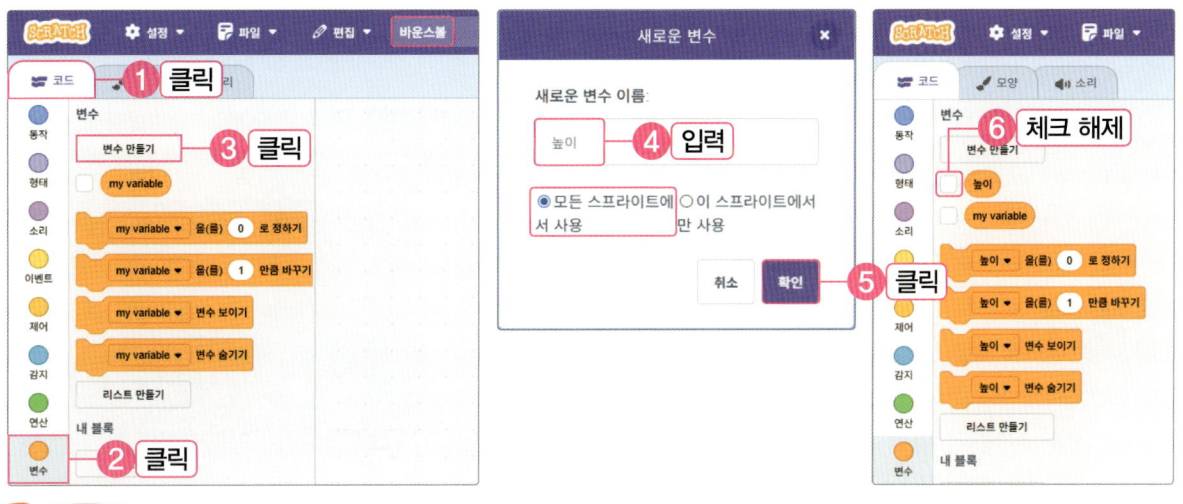

**STOP! 여기서 잠깐!**

- 높이 : 해당 변수를 블록 코드의 인수로 사용할 수 있습니다.
- 높이 을(를) 0 로 정하기 : 변수(높이)의 값을 입력한 값(0)으로 정합니다.
- 높이 을(를) 1 만큼 바꾸기 : 변수(높이)의 값을 입력한 값(1)으로 바꿉니다.
- 높이 변수 보이기 : 변수(높이)를 무대에서 보이게 합니다.
- 높이 변수 숨기기 : 변수(높이)를 무대에서 숨깁니다.

❷ [공] 스프라이트의 [코드] 탭에서 [이벤트] 및 [동작], [변수], [제어], [감지] 팔레트를 이용하여 다음과 같이 블록을 연결합니다.
※ 공의 처음 위치 및 높이 변수의 초기값(0)과 좌우 방향키에 따른 방향 변경을 블록 코드로 만듭니다.

Chapter 20 통통튀는 바운스 볼 놀이하기 • 125

## 02 높이 변수를 이용한 바운스 공 만들기

❶ 공이 튀는 바운스 동작을 만들기 위해 [공] 스프라이트의 [코드] 탭에서 [이벤트] 및 [제어], [동작], [변수], [감지], [연산] 팔레트를 이용하여 다음과 같이 블록을 추가 연결합니다.

  ※ 시작하기 버튼을 클릭했을 때 무한 반복하여 다음 기능을 실행합니다.
  - y 좌표를 높이 만큼 바꾸기
  - 만약, 발판에 닿았다면 높이를 10으로 정하고 아니면 높이를 -1 만큼 바꾸기
  - 만약, y좌표가 -175 보다 작다면 모두 멈추기(아래 바닥에 떨어지면 게임 종료)

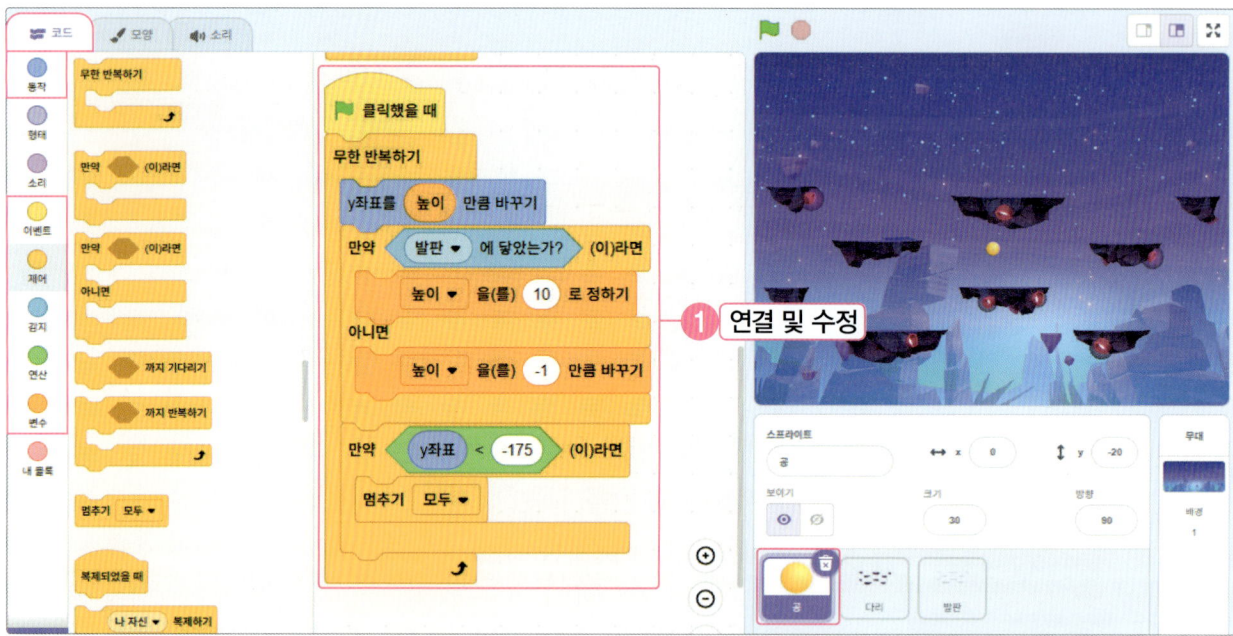

❷ [시작하기]를 클릭 후 키보드의 좌우 방향키(←/→)를 이용하여 바운스 공 놀이를 시작합니다.

# CHAPTER 20 문제 해결 미션 수행하기

**미션 1** '공게임' 파일을 열고 다음 조건에 따라 완성한 후 무대를 실행해 보세요.

- 변수 만들기 : 모든 스프라이트에서 사용할 수 있는 '힘' 변수 만들기

- 시작하기 버튼을 클릭했을 때 무한 반복하여 다음 기능을 실행합니다.
  - y좌표를 힘 만큼 바꾸기
  - 만약, 블록1 또는 블록2 또는 블록3 또는 블록4에 닿았다면 힘을 8로 정하고 아니면 힘에 -1 만큼 바꾸기
  - 만약, 물에 닿았다면 모두 멈추기

공의 좌우 방향키에 따른 이동과 블록2~4의 움직임은 미리 블록 코드로 만들어 제공합니다.

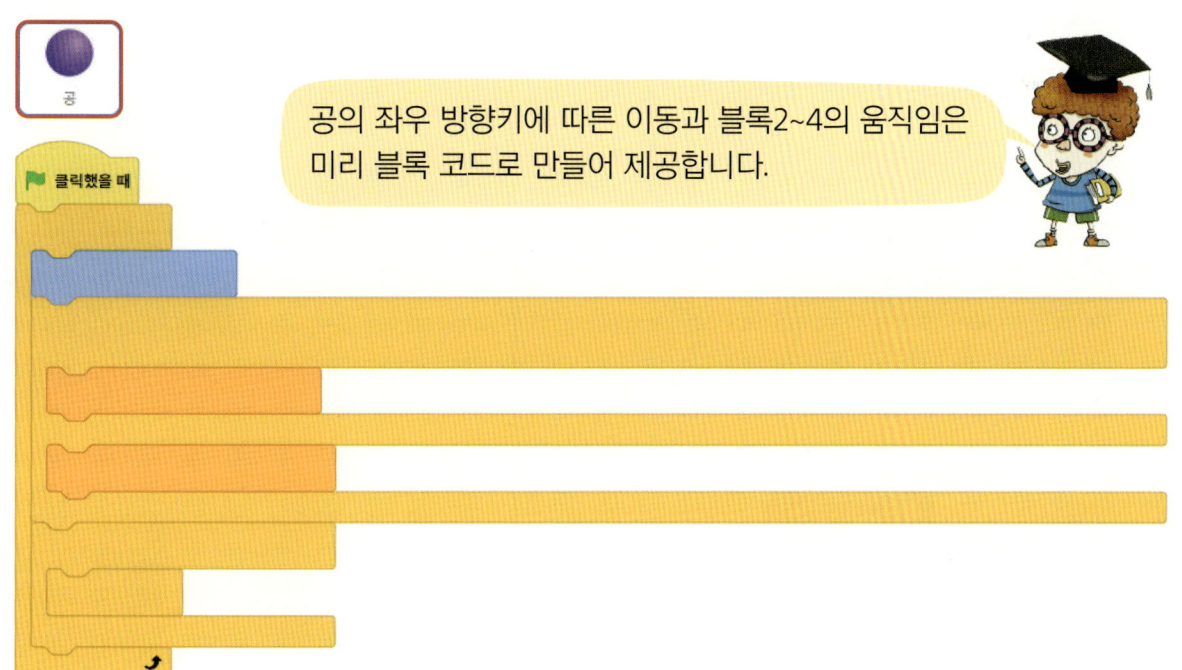

# CHAPTER 21 종합 활동 놀이

### 틀린 그림찾기 놀이

**01** 아래 그림에서 10개의 틀린 부분을 찾아 동그라미를 그려보세요.

## 스도쿠 숫자놀이

**01** 중복된 숫자가 행/열에 들어가지 않도록 아래 4×4 크기의 스도쿠 문제를 풀어 보세요.
가로 행에는 1부터 4까지의 숫자가 한 번만 들어가야 합니다.
세로 열에도 1부터 4까지의 숫자가 한 번만 들어가야 합니다.

퍼즐 1:
| 3 |   |   |   |
|---|---|---|---|
|   |   | 2 | 3 |
| 2 |   | 3 |   |
|   | 3 | 4 |   |

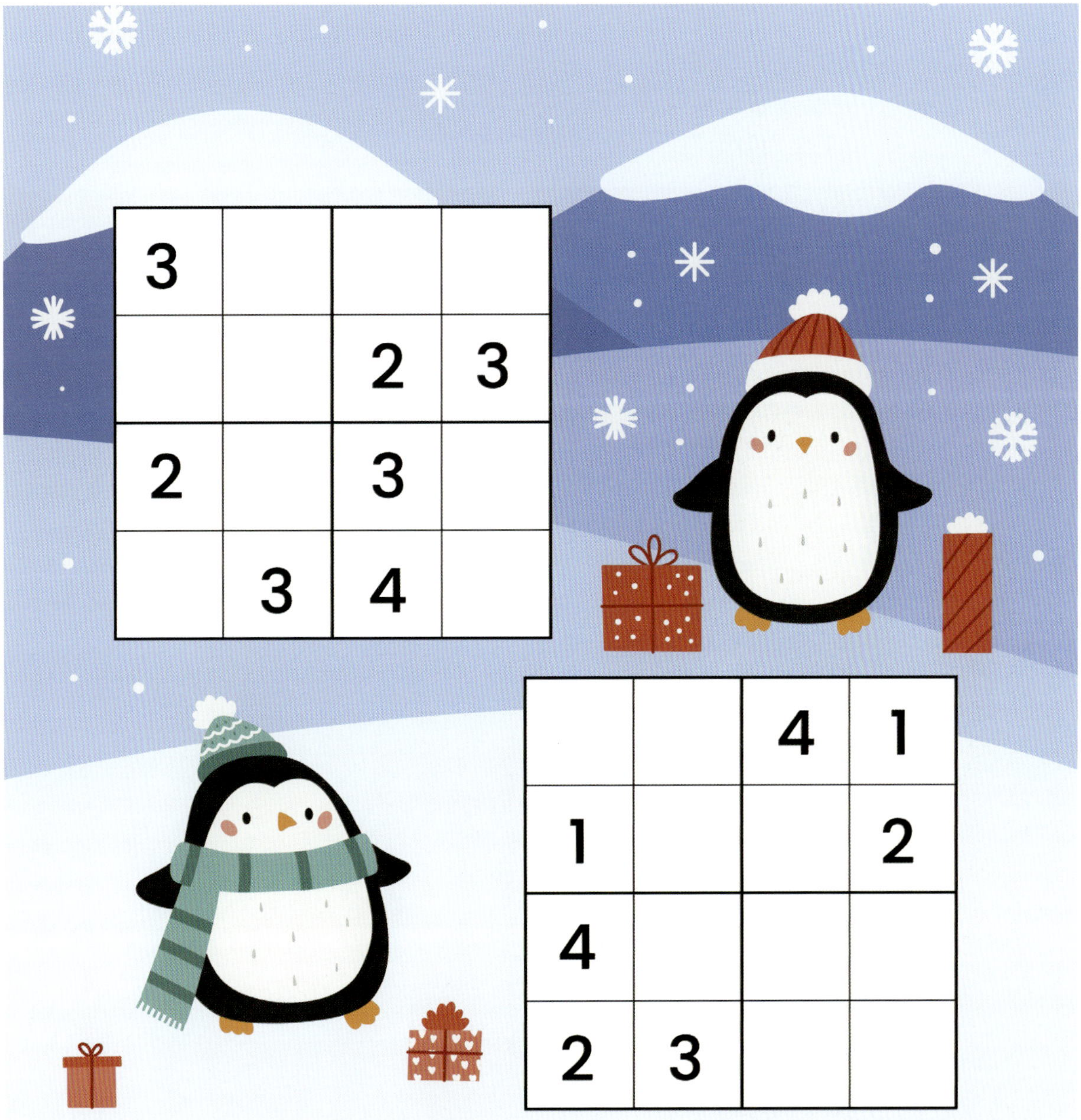

퍼즐 2:
|   |   | 4 | 1 |
|---|---|---|---|
| 1 |   |   | 2 |
| 4 |   |   |   |
| 2 | 3 |   |   |

📁 불러올 파일 : 걷기.sb3          📁 완성된 파일 : 걷기_완성.sb3

**놀이 1**  마우스 포인터를 따라 자유롭게 움직이는 렉스 친구를 무대를 통해 완성해 보세요.

- 시작하기 버튼을 클릭했을 때 무한 반복하여 다음 기능을 실행합니다.
  - 마우스 포인터에 닿을 때까지 반복하여 다음 기능을 실행하기
    ·· 마우스 포인터 쪽 보기
    ·· 10만큼 움직이기
    ·· 다음 모양으로 바꾸기
    ·· 0.1초 기다리기

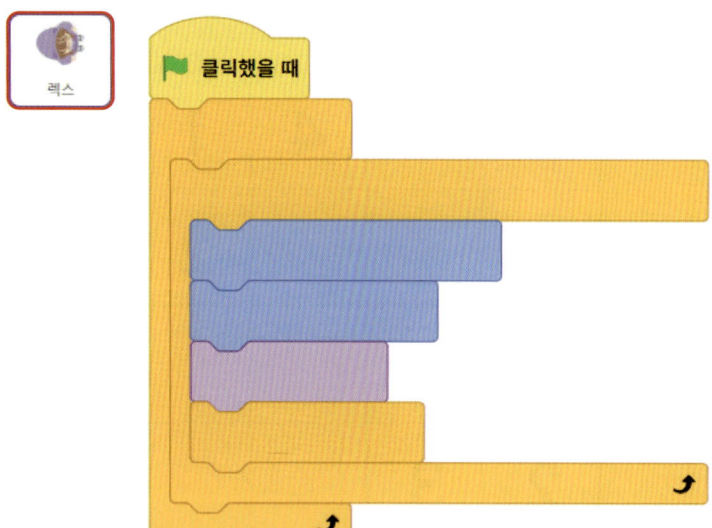

130 • 창의코딩놀이 **Lesson 2** _ 스크래치

■ 불러올 파일 : 함께걷기.sb3    ■ 완성된 파일 : 함께걷기_완성.sb3

**놀이 2** 선생님을 따라 움직이는 창의와 코딩을 아래 조건에 따라 완성해 보세요.

- 시작하기 버튼을 클릭했을 때 무한 반복하여 다음 기능을 실행합니다.
  - 선생님에 닿을 때까지 반복하여 다음 기능을 실행하기
    ·· 선생님 쪽 보고 7만큼 움직이기
    ·· 다음 모양으로 바꾸고 0.1초 기다리기

- 시작하기 버튼을 클릭했을 때 무한 반복하여 다음 기능을 실행합니다.
  - 창의에 닿을 때까지 반복하여 다음 기능을 실행하기
    ·· 창의 쪽 보고 5만큼 움직이기
    ·· 다음 모양으로 바꾸고 0.1초 기다리기

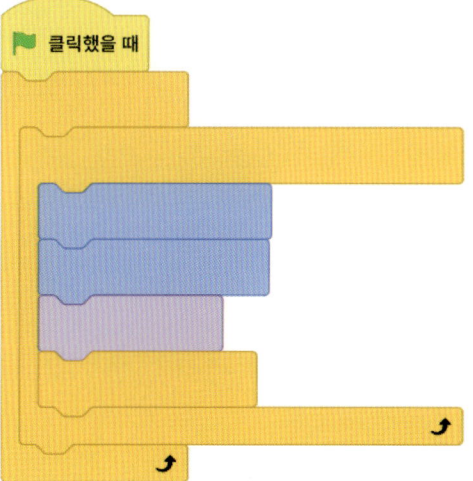 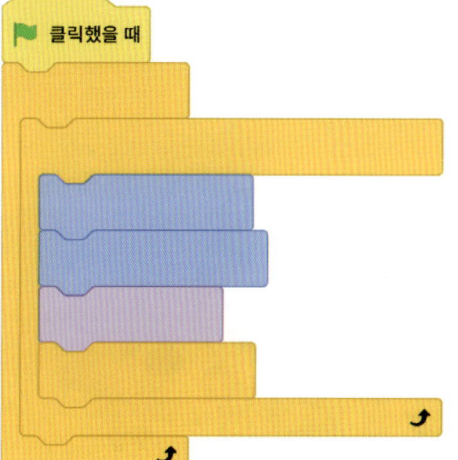

Chapter 21 종합 활동 문제 • 131

# CHAPTER 22 종합 활동 놀이

### 틀린 그림찾기 놀이

**01** 아래 그림에서 10개의 틀린 부분을 찾아 동그라미를 그려보세요.

### 스도쿠 숫자놀이

**01** 중복된 숫자가 행/열에 들어가지 않도록 아래 4×4 크기의 스도쿠 문제를 풀어 보세요.
가로 행에는 1부터 4까지의 숫자가 한 번만 들어가야 합니다.
세로 열에도 1부터 4까지의 숫자가 한 번만 들어가야 합니다.

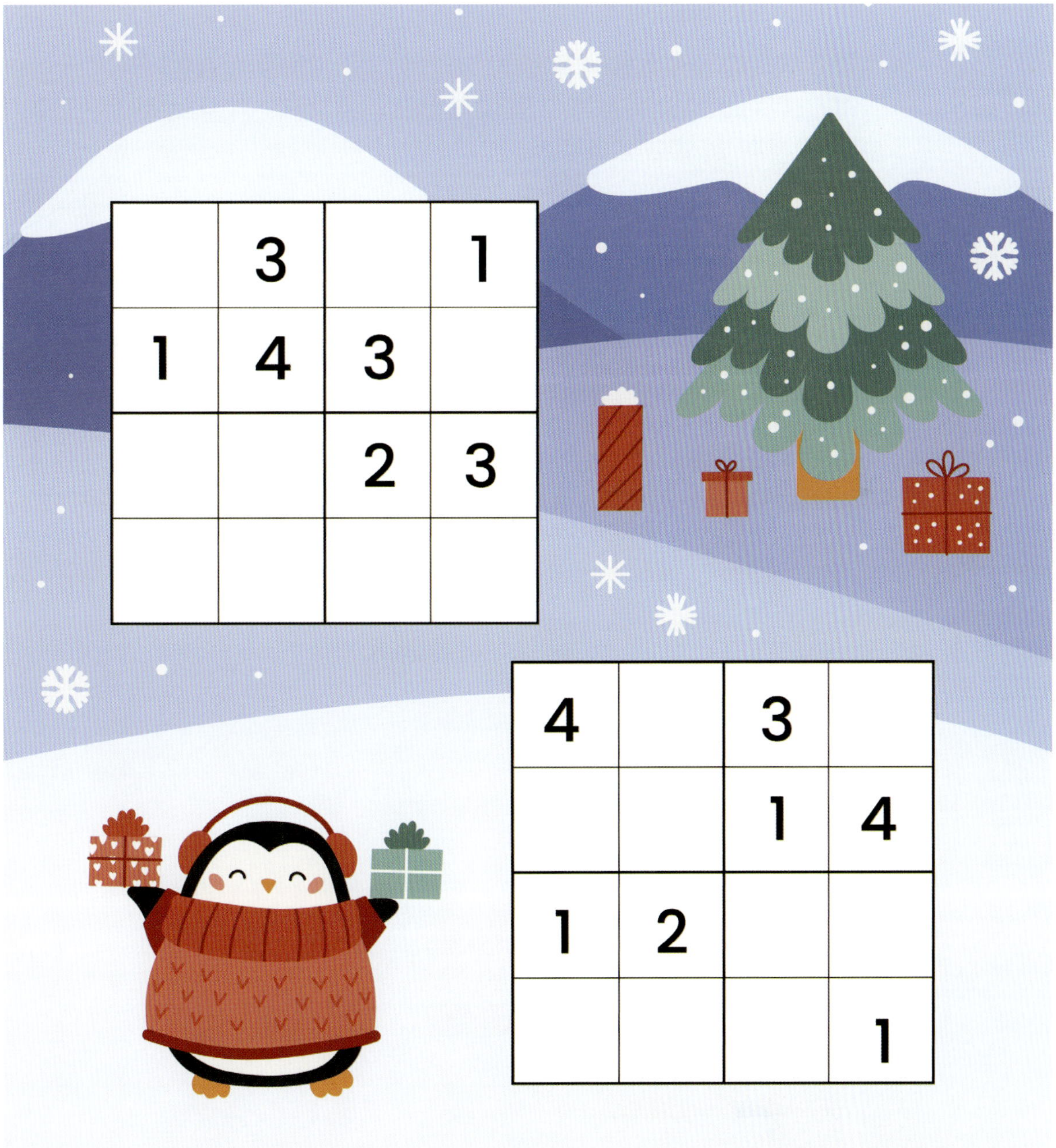

|   | 3 |   | 1 |
|---|---|---|---|
| 1 | 4 | 3 |   |
|   |   | 2 | 3 |
|   |   |   |   |

| 4 |   | 3 |   |
|---|---|---|---|
|   |   | 1 | 4 |
| 1 | 2 |   |   |
|   |   |   | 1 |

■ 불러올 파일 : 전기실험.sb3　　　　■ 완성된 파일 : 전기실험_완성.sb3

**놀이 1**　스위치를 이용한 전구의 켜고 끄는 방법을 다음 조건으로 완성하여 실행해 보세요.

- 시작하기 버튼을 클릭했을 때 스위치_OFF 모양으로 바꿉니다.
- 이 스프라이트를 클릭했을 때 다음 모양으로 바꿉니다.

- 시작하기 버튼을 클릭했을 때 무한 반복하여 다음 기능을 실행합니다.
  – 만약, 스위치의 모양 번호가 '2'와 같다면 모양을 '전구_켜짐'으로 바꾸고 아니면 모양을 '전구_꺼짐'으로 바꾸기

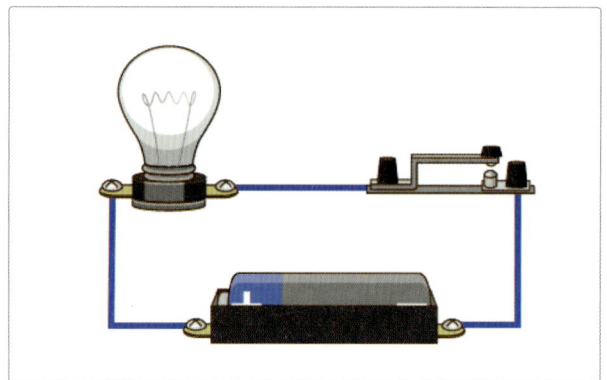
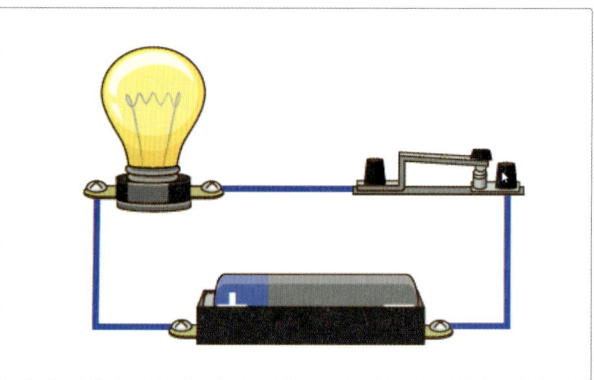

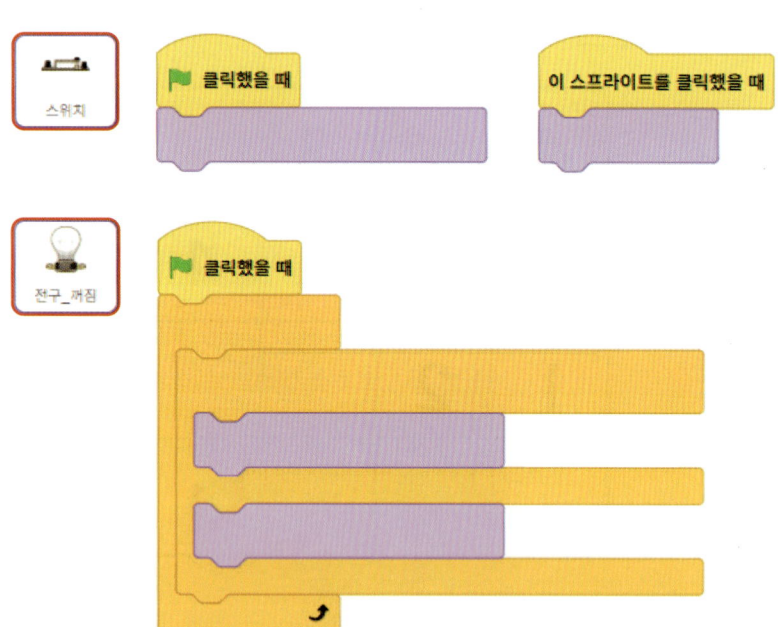

134 • 창의코딩놀이 **Lesson 2** _ 스크래치

| 📂 불러올 파일 : 선풍기.sb3 | 📂 완성된 파일 : 선풍기_완성.sb3 |

**놀이 2** 버튼을 이용한 선풍기의 동작을 다음 조건으로 완성하여 실행해 보세요.

- 시작하기 버튼을 클릭했을 때 버튼_OFF 모양으로 바꿉니다.
- 이 스프라이트를 클릭했을 때 다음 모양으로 바꾸고 '전기신호' 신호를 보냅니다.

- 전기 신호를 받았을 때 무한 반복하여 다음 기능을 실행합니다.
  – 오른쪽 방향으로 30도 돌기
  – 만약, 버튼의 모양 번호가 '1'과 같다면 이 스크립트 멈추기

 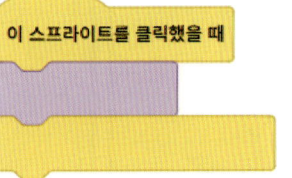

# CHAPTER 23 종합 활동 놀이

### 틀린 그림찾기 놀이

**01** 아래 그림에서 5개의 틀린 부분을 찾아 동그라미를 그려보세요.

**02** 아래 그림에서 6개의 틀린 부분을 찾아 동그라미를 그려보세요.

### 낱말 퍼즐 놀이

**01** 아래 표에서 직업과 관련된 숨은 낱말을 가로, 세로, 대각선으로 찾아보세요.

| 소 | 설 | 가 | 선 | 리 | 종 | 평 | 망 |
|---|---|---|---|---|---|---|---|
| 생 | 달 | 민 | 추 | 경 | 이 | 김 | 선 |
| 엄 | 전 | 소 | 미 | 강 | 찰 | 정 | 화 |
| 바 | 크 | 군 | 당 | 소 | 방 | 관 | 민 |
| 님 | 리 | 명 | 장 | 미 | 심 | 포 | 인 |
| 동 | 에 | 스 | 판 | 유 | 튜 | 버 | 절 |
| 관 | 이 | 현 | 타 | 두 | 강 | 고 | 상 |
| 더 | 터 | 가 | 요 | 농 | 넝 | 맹 | 차 |
| 호 | 정 | 민 | 리 | 장 | 광 | 동 | 정 |
| 푸 | 간 | 호 | 사 | 송 | 만 | 손 | 어 |

📄 불러올 파일 : 몬스터잡기.sb3　　　📘 완성된 파일 : 몬스터잡기_완성.sb3

**놀이 1** 아래 스프라이트를 이용하여 과녁과 초점으로 몬스터를 퇴치하는 무대를 완성해 보세요.

- 시작하기 버튼을 클릭했을 때 무한 반복하여 다음 기능을 실행합니다.
  - 만약, 오른쪽 화살표 키를 눌렀다면 x 좌표를 5 만큼 바꾸기
  - 만약, 왼쪽 화살표 키를 눌렀다면 x 좌표를 -5 만큼 바꾸기
  - 만약, 위쪽 화살표 키를 눌렀다면 y 좌표를 5 만큼 바꾸기
  - 만약, 아래쪽 화살표 키를 눌렀다면 y 좌표를 -5 만큼 바꾸기

- 시작하기 버튼을 클릭했을 때 무한 반복하여 초점으로 이동합니다.

- 시작하기 버튼을 클릭했을 때 무한 반복하여 1부터 3 사이의 난수 초 동안 랜덤 위치로 이동합니다.
- 시작하기 버튼을 클릭했을 때 모양을 몬스터1로 바꾸고 무한 반복하여 다음 기능을 실행합니다.
  - 만약, 초점에 닿았고 스페이스 키를 눌렀다면 다음 기능을 실행합니다.
    ‥모양을 몬스터2로 바꾸고 10번 반복하여 투명도 효과를 10만큼 바꾸기
    ‥0.5 부터 2 사이의 난수 초 기다리기
  - 그래픽 효과 지우고 모양을 몬스터1로 바꾸기

# CHAPTER 24 종합 활동 놀이

### 틀린 그림찾기 놀이

**01** 아래 그림에서 10개의 틀린 부분을 찾아 동그라미를 그려보세요.

**02** 아래 그림에서 10개의 틀린 부분을 찾아 동그라미를 그려보세요.

## 낱말 퍼즐 놀이

**01** 아래 표에서 스포츠와 관련된 숨은 낱말을 가로, 세로, 대각선으로 찾아보세요.

| 양 | 궁 | 전 | 족 | 군 | 마 | 이 | 클 |
|---|---|---|---|---|---|---|---|
| 승 | 정 | 싱 | 크 | 로 | 나 | 인 | 주 |
| 만 | 이 | 배 | 드 | 민 | 턴 | 라 | 톤 |
| 속 | 핑 | 구 | 수 | 총 | 명 | 밍 | 진 |
| 공 | 폭 | 성 | 청 | 진 | 사 | 이 | 큰 |
| 필 | 라 | 테 | 스 | 한 | 격 | 세 | 기 |
| 넝 | 야 | 군 | 키 | 케 | 다 | 팍 | 계 |
| 철 | 패 | 러 | 글 | 라 | 이 | 딩 | 치 |
| 컬 | 기 | 황 | 청 | 동 | 방 | 트 | 조 |
| 링 | 티 | 건 | 선 | 명 | 당 | 리 | 포 |

📁 불러올 파일 : 숫자맞추기.sb3    📁 완성된 파일 : 숫자맞추기_완성.sb3

**놀이 1** 아래 조건을 이용하여 숫자 맞추기 게임을 완성해 보세요.

- 변수 만들기 : '정답' 및 '횟수'를 만들고 무대 화면에서 숨기기

- 시작하기 버튼을 클릭했을 때 다음 기능을 실행합니다.
  - 횟수를 0으로 정하고 정답을 1 부터 100 사이의 난수로 정하기

- 시작하기 버튼을 클릭했을 때 다음 기능을 실행합니다.
  - '숫자 맞추기 게임 Start!!'를 2초 동안 말하기
  - 횟수가 10과 같을 때까지 다음 기능을 반복합니다.
    ‥ 횟수를 1만큼 바꾸기
    ‥ '1-100의 숫자 중 내가 기억하는 숫자는 무엇일까요?'를 묻고 기다리기
    ‥ 만약, 정답 값이 대답과 같다면 ❶을 실행하고 아니면 ❷를 실행하기
    ❶ '정답!!'를 2초 동안 말하고 횟수와 '회만에 맞췄어.'를 결합하여 4초 동안 말하고 모두 멈추기
    ❷ 만약, 정답 값이 대답 보다 크면 대답과 '보다 커요'를 결합하여 2초 동안 말하기
        만약, 정답 값이 대답 보다 작다면 대답과 '보다 작아요'를 결합하여 2초 동안 말하기
  - 아쉽게 실패!!를 2초 동안 말하기

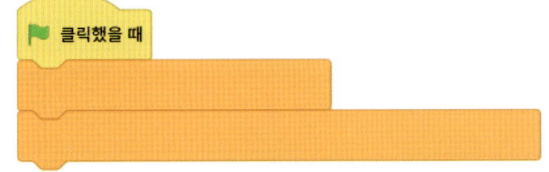
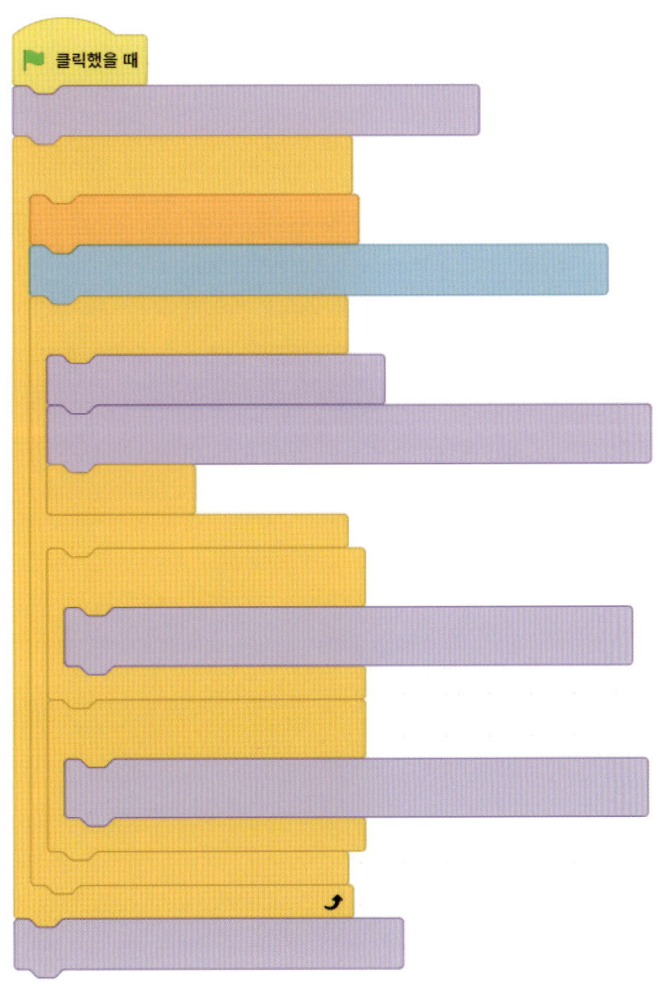

그동안 수고했어요~^^
코딩 챌린지 시리즈의 새로운 교재에서 다시 만나요~^^

Chapter 24 종합 활동 문제 • 143

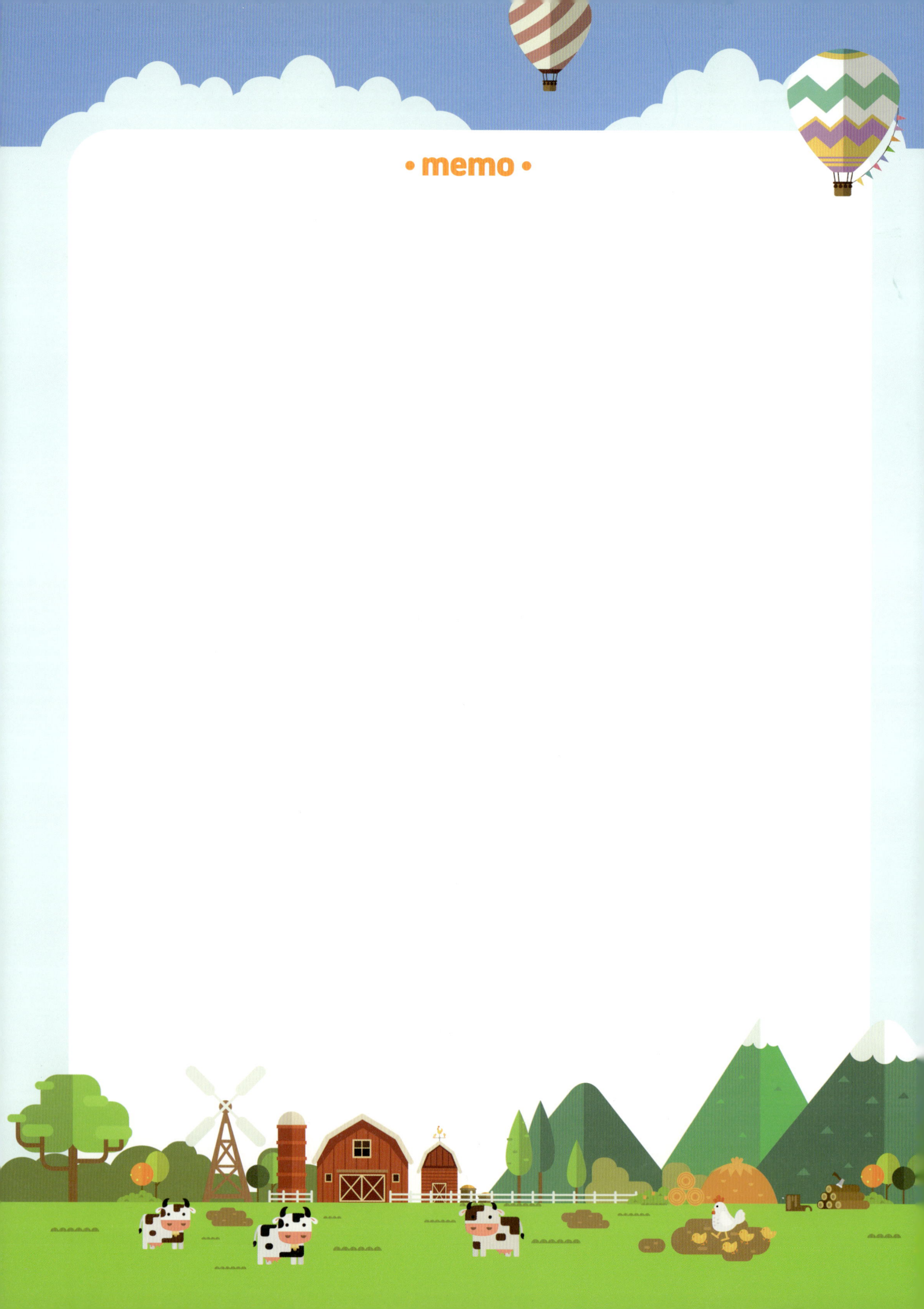